PRÉFACE

La collection de guides de conversation "Tout ira bien!", publié par T&P Books, est conçue pour les gens qui voyagent par affaire ou par plaisir. Les guides de conversations contiennent le plus important - l'essentiel pour la communication de base. Il s'agit d'une série indispensable de phrases pour survivre à l'étranger.

Ce guide de conversation vous aidera dans la plupart des cas où vous devez demander quelque chose, trouver une direction, découvrir le prix d'un souvenir, etc. Il peut aussi résoudre des situations de communication difficile lorsque la gesticulation n'aide pas.

Ce livre contient beaucoup de phrases qui ont été groupées par thèmes. Vous trouverez aussi un petit dictionnaire de plus de 1500 mots importants et utiles.

Emmenez avec vous un guide de conversation "Tout ira bien!" sur la route et vous aurez un compagnon de voyage irremplaçable qui vous aidera à vous sortir de toutes les situations et vous enseignera à ne pas avoir peur de parler aux étrangers.

Collection de guides de conversation
"Tout ira bien!"

T&P Books Publishing

GUIDE DE CONVERSATION

ARABE

LES PHRASES LES PLUS UTILES

Ce guide de conversation contient les phrases et les questions les plus communes et nécessaires pour communiquer avec des étrangers

Par Andrey Taranov

T&P BOOKS

Guide de conversation + dictionnaire de 1500 mots

Guide de conversation Français-Arabe et dictionnaire concis de 1500 mots

Par Andrey Taranov

La collection de guides de conversation "Tout ira bien!", publiée par T&P Books, est conçue pour les gens qui voyagent par affaire ou par plaisir. Les guides contiennent l'essentiel pour la communication de base. Il s'agit d'une série indispensable de phrases pour "survivre" à l'étranger.

Une autre section du livre contient un petit dictionnaire de plus de 1500 mots les plus utilisés. Le dictionnaire inclut beaucoup de termes gastronomiques et peut être utile lorsque vous faites le marché ou commandez des plats au restaurant.

T&P Books Publishing
www.tpbooks.com

ISBN: 978-1-78716-945-6

Ce livre existe également en format électronique.
Pour plus d'informations, veuillez consulter notre site: www.tpbooks.com
ou rendez-vous sur ceux des grandes librairies en ligne.

PRONONCIATION

Alphabet phonétique T&P	Exemple en arabe	Exemple en français
[a]	طفّى [ṭaffa]	classe
[ā]	إختار [iẋtār]	camarade
[e]	هامبورجر [hamburger]	équipe
[i]	زفاف [zifāf]	stylo
[ī]	أبريل [abrīl]	industrie
[u]	كلكتا [kalkutta]	boulevard
[ū]	جاموس [ʒāmūs]	sucre
[b]	بداية [bidāya]	bureau
[d]	سعادة [sa'āda]	document
[ḍ]	وضع [waḍ']	[d] pharyngale
[ʒ]	الأرجنتين [arʒantīn]	jeunesse
[ð]	تذكار [tiðkār]	[th] pharyngalisé
[z]	ظهر [zahar]	[z] pharyngale
[f]	خفيف [ẋafīf]	formule
[g]	جولف [gūlf]	gris
[h]	إتّجاه [ittiʒāh]	[h] aspiré
[ḥ]	أحبّ [aḥabb]	[h] pharyngale
[y]	ذهبيّ [ðahabiy]	maillot
[k]	كرسيّ [kursiy]	bocal
[l]	لمح [lamaḥ]	vélo
[m]	مرصد [marṣad]	minéral
[n]	جنوب [ʒanūb]	ananas
[p]	كابتشينو [kaputʃīnu]	panama
[q]	وثق [waθiq]	cadeau
[r]	روح [rūḥ]	racine, rouge
[s]	سخريّة [suẋriyya]	syndicat
[ṣ]	معصم [mi'ṣam]	[s] pharyngale
[ʃ]	عشاء ['aʃā']	chariot
[t]	تنّوب [tannūb]	tennis
[ṭ]	خريطة [ẋarīṭa]	[t] pharyngale
[θ]	ماموث [mamūθ]	consonne fricative dentale sourde
[v]	فيتنام [vitnām]	rivière
[w]	ودّع [wadda']	iguane
[ẋ]	بخيل [baẋīl]	scots - nicht, allemand - Dach

5

Alphabet phonétique
T&P

Exemple en arabe

Exemple en français

[ɣ]	[taɣadda] تغدّى	g espagnol - amigo, magnífico
[z]	[māʿiz] ماعز	gazeuse
['] (ayn)	[sabʿa] سبعة	consonne fricative pharyngale voisée
['] (hamza)	[saʾal] سأل	coup de glotte

LISTE DES ABRÉVIATIONS

Abréviations en arabe

du	-	nom (à double) pluriel
f	-	nom féminin
m	-	nom masculin
pl	-	pluriel

Abréviations en français

adj	-	adjective
adv	-	adverbe
anim.	-	animé
conj	-	conjonction
dénombr.	-	dénombrable
etc.	-	et cetera
f	-	nom féminin
f pl	-	féminin pluriel
fam.	-	familiar
fem.	-	féminin
form.	-	formal
inanim.	-	inanimé
indénombr.	-	indénombrable
m	-	nom masculin
m pl	-	masculin pluriel
m, f	-	masculin, féminin
masc.	-	masculin
math	-	mathematics
mil.	-	militaire
pl	-	pluriel
prep	-	préposition
pron	-	pronom
qch	-	quelque chose
qn	-	quelqu'un
sing.	-	singulier
v aux	-	verbe auxiliaire
v imp	-	verbe impersonnel
vi	-	verbe intransitif
vi, vt	-	verbe intransitif, transitif

| **vp** | - | verbe pronominal |
| **vt** | - | verbe transitif |

T&P BOOKS

GUIDE DE CONVERSATION ARABE

Cette section contient
des phrases importantes
qui peuvent être utiles dans
des situations courantes.
Le guide vous aidera
à demander des directions,
clarifier le prix, acheter
des billets et commander
des plats au restaurant

T&P Books Publishing

CONTENU DU GUIDE
DE CONVERSATION

T&P Books Publishing

Les essentiels

Excusez-moi, ...	ba'd ezznak, ...
	بعد إذنك، ...
Bonjour	ahlan
	أهلا
Merci	ʃokran
	شكراً
Au revoir	ella alliqā'
	إلى اللقاء
Oui	aywā
	أيوة
Non	la'a
	لأ
Je ne sais pas.	ma'raʃʃ
	ما أعرفش
Où? | Où? | Quand?	feyn? | lefeyn? | emta?
	إمتى؟ | لفين؟ | فين؟

J'ai besoin de ...	mehtāg ...
	محتاج ...
Je veux ...	'āyez ...
	عايز ...
Avez-vous ... ?	ya tara 'andak ...?
	يا ترى عندك... ؟
Est-ce qu'il y a ... ici?	feyh hena ...?
	فيه هنا ...؟
Puis-je ... ?	momken ...?
	ممكن ...؟
s'il vous plaît (pour une demande)	... men faḍlak
	من فضلك ...

Je cherche ...	ana badawwar 'la ...
	أنا بادور على ...
les toilettes	hammām
	حمام
un distributeur	makīnet ṣarraf 'āaly
	ماكينة صراف آلي
une pharmacie	ṣaydaliya
	صيدلية
l'hôpital	mostaʃfa
	مستشفى
le commissariat de police	'essm el ʃorṭa
	قسم شرطة
une station de métro	metro el anfā'
	مترو الأنفاق

un taxi	taksi
	تاكسي
la gare	mahattet el 'attr
	محطة القطر

Je m'appelle ...	essmy ...
	إسمي...
Comment vous appelez-vous?	essmak eyh?
	اسمك إيه؟
Aidez-moi, s'il vous plaît.	te'ddar tesā'dny?
	تقدر تساعدني؟
J'ai un problème.	ana 'andy moʃkela
	أنا عندي مشكلة
Je ne me sens pas bien.	ana ta'bān
	أنا تعبان
Appelez une ambulance!	otlob 'arabeyet es'āf!
	أطلب عربية إسعاف!
Puis-je faire un appel?	momken a'mel mokalma telefoniya?
	ممكن أعمل مكالمة تليفونية؟

Excusez-moi.	ana 'āssif
	أنا آسف
Je vous en prie.	el 'afw
	العفو

je, moi	ana
	أنا
tu, toi	enta
	أنت
il	howwa
	هو
elle	hiya
	هي
ils	homm
	هم
elles	homm
	هم
nous	ehna
	احنا
vous	entom
	انتم
Vous	haddretak
	حضرتك

ENTRÉE	doxūl
	دخول
SORTIE	xorūg
	خروج
HORS SERVICE | EN PANNE	'attlān
	عطلان
FERMÉ	moɣlaq
	مغلق

OUVERT	maftūḥ مفتوح
POUR LES FEMMES	lel sayedāt للسيدات
POUR LES HOMMES	lel regāl للرجال

Questions

Où? (lieu)	feyn? فين؟
Où? (direction)	lefeyn? لفين؟
D'où?	men feyn? من فين؟
Pourquoi?	leyh? ليه؟
Pour quelle raison?	le'ayī sabab? لأي سبب؟
Quand?	emta? إمتى؟

Combien de temps?	leḥadd emta? لحد إمتى؟
À quelle heure?	fi ayī sā'a? في أي ساعة؟
C'est combien?	bekām? بكام؟
Avez-vous ... ?	ya tara 'andak ...? يا ترى عندك ...؟
Où est ..., s'il vous plaît?	feyn ...? فين ...؟

Quelle heure est-il?	el sā'a kām? الساعة كام؟
Puis-je faire un appel?	momken a'mel mokalma telefoniya? ممكن أعمل مكالمة تليفونية؟
Qui est là?	meyn henāk? مين هناك؟
Puis-je fumer ici?	momken addaẖen hena? ممكن أدخن هنا؟
Puis-je ...?	momken ...? ممكن ...؟

Besoins

Je voudrais ...	aḥebb ... ... أحب
Je ne veux pas ...	meʃ ʿāyiz ... ... مش عايز
J'ai soif.	ana ʿatʃān أنا عطشان
Je veux dormir.	ʿāyez anām عايز أنام

Je veux ...	ʿāyez ... ... عايز
me laver	atʃattaf أتشطف
brosser mes dents	aɣsel senāny أغسل سناني
me reposer un instant	artāḥ ʃwaya أرتاح شوية
changer de vêtements	aɣayar hodūmy أغير هدومي

retourner à l'hôtel	argaʿ lel fondoq أرجع للفندق
acheter ...	ʃerāʾ ... ... شراء
aller à ...	arūḥ le... ...أروح لـ
visiter ...	azūr ... ... أزور
rencontrer ...	aʿābel ... ... أقابل
faire un appel	aʿmel mokalma telefoniya أعمل مكالمة تليفونية

Je suis fatigué /fatiguée/	ana taʿbān أنا تعبان
Nous sommes fatigués /fatiguées/	eḥna taʿbānīn إحنا تعبانين
J'ai froid.	ana bardān أنا بردان
J'ai chaud.	ana ḥarran أنا حران
Je suis bien.	ana kowayes أنا كويس

Il me faut faire un appel.

mehtāg a'mel mokalma telefoneya
محتاج أعمل مكالمة تليفونية

J'ai besoin d'aller aux toilettes.

mehtāg arūh el hammam
محتاج أروح الحمام

Il faut que j'aille.

lāzem amʃy
لازم أمشي

Je dois partir maintenant.

lāzem amʃy dellwa'ty
لازم أمشي دلوقتي

Comment demander la direction

Excusez-moi, ...	ba'd ezznak, ... بعد إذنك، ...
Où est ..., s'il vous plaît?	feyn ...? فين ...؟
Dans quelle direction est ... ?	meneyn ...? منين ...؟
Pouvez-vous m'aider, s'il vous plaît ?	momken tesā'edny, men faḍlak? ممكن تساعدني، من فضلك؟
Je cherche ...	ana badawwar 'la ... أنا بادور على ...
La sortie, s'il vous plaît?	baddawwar 'la ṭarīq el χorūg بادور على طريق الخروج
Je vais à ...	ana rāyeḥ le... أنا رايح لـ...
C'est la bonne direction pour ...?	ana māʃy fel ṭarīq el ṣahh le ...? أنا ماشي في الطريق الصح لـ... ؟
C'est loin?	howwa beʾīd? هو بعيد؟
Est-ce que je peux y aller à pied?	momken awṣal henāk māʃy? ممكن أوصل هناك ماشي؟
Pouvez-vous me le montrer sur la carte?	momken tewarrīny 'lal χarīṭa? ممكن توريني على الخريطة؟
Montrez-moi où sommes-nous, s'il vous plaît.	momken tewarrīny ehna feyn dellwa'ty? ممكن توريني إحنا فين دلوقتي؟
Ici	hena هنا
Là-bas	henāk هناك
Par ici	men hena من هنا
Tournez à droite.	oddχol yemīn ادخل يمين
Tournez à gauche.	oddχol ʃemal ادخل شمال
Prenez la première (deuxième, troisième) rue.	awwel (tāny, tālet) ʃāre' أول (تاني، تالت) شارع

à droite
'lal yemīn
على اليمين

à gauche
'lal ʃemal
على الشمال

Continuez tout droit.
'la ṭūl
على طول

Affiches, Pancartes

BIENVENUE!	marḥaba
	مرحبا
ENTRÉE	doχūl
	دخول
SORTIE	χorūg
	خروج

POUSSEZ	eddfa'
	إدفع
TIREZ	ess-ḥab
	إسحب
OUVERT	maftūḥ
	مفتوح
FERMÉ	moχlaq
	مغلق

POUR LES FEMMES	lel sayedāt
	للسيدات
POUR LES HOMMES	lel regāl
	للرجال
MESSIEURS (m)	el sāda
	السادة
FEMMES (f)	el sayedāt
	السيدات

RABAIS | SOLDES	taχfīdāt
	تخفيضات
PROMOTION	okazyōn
	اوكازيون
GRATUIT	maggānan
	مجانا
NOUVEAU!	gedīd!
	!جديد
ATTENTION!	ennttabeh!
	!إنتبه

COMPLET	mafīʃ makān
	ما فيش مكان
RÉSERVÉ	maḥgūz
	محجوز
ADMINISTRATION	el edāra
	الإدارة
PERSONNEL SEULEMENT	lel 'āmelīn faqaṭ
	للعاملين فقط

ATTENTION AU CHIEN!	ehhtaress men el kalb! إحترس من الكلب!
NE PAS FUMER!	mammnūʿ el tadχīn! ممنوع التدخين!
NE PAS TOUCHER!	mammnūʿ el lammss! ممنوع اللمس!
DANGEREUX	χatīr خطير
DANGER	χatar خطر
HAUTE TENSION	gohd ʿāly جهد عالي
BAIGNADE INTERDITE!	mammnūʿ el sebāha! ممنوع السباحة!

HORS SERVICE | EN PANNE	ʿattlān عطلان
INFLAMMABLE	qābel lel eſteʿāl قابل للإشتعال
INTERDIT	mammnūʿ ممنوع
ENTRÉE INTERDITE!	mammnūʿ el taχatty! ممنوع التخطي!
PEINTURE FRAÎCHE	talāʾ hadiis طلاء حديث

FERMÉ POUR TRAVAUX	moγlaq lel tagdedāt مغلق للتجديدات
TRAVAUX EN COURS	aſγāl fel tarīq أشغال في الطريق
DÉVIATION	monhany منحنى

Transport - Phrases générales

avion	ṭayāra
	طيارة
train	ʾaṭṭr
	قطر
bus, autobus	otobiis
	اوتوبيس
ferry	safīna
	سفينة
taxi	taksi
	تاكسي
voiture	ʿarabiya
	عربية

horaire	gadwal
	جدول
Où puis-je voir l'horaire?	aʿdar aʃūf el gadwal feyn?
	أقدر أشوف الجدول فين؟
jours ouvrables	ayām el ossbūʿ
	أيام الأسبوع
jours non ouvrables	nehāyet el osbūʿ
	نهاية الأسبوع
jours fériés	el ʾagazāt
	الأجازات

DÉPART	el saffar
	السفر
ARRIVÉE	el woṣūl
	الوصول
RETARDÉE	mettʾxara
	متأخرة
ANNULÉE	molχā
	ملغاه

prochain (train, etc.)	el gayī
	الجاي
premier	el awwel
	الأول
dernier	el ʾaxīr
	الأخير

À quelle heure est le prochain ...?	emta el ... elly gayī?
	إللي جاي؟ ... إمتى الـ
À quelle heure est le premier ...?	emta awwel ...?
	إمتى اول ...؟

À quelle heure est le dernier …?	emta 'āχer …?
	إمتى آخر ...؟
correspondance	tabdīl
	تبديل
prendre la correspondance	abaddel
	أبدل
Dois-je prendre la correspondance?	hal aḥtāg le tabdīl el…?
	هل أحتاج لتبديل الـ...؟

Acheter un billet

Où puis-je acheter des billets?	meneyn momken aʃtery tazāker? منين ممكن أشتري تذاكر؟
billet	tazzkara تذكرة
acheter un billet	ʃerā' tazāker شراء تذاكر
le prix d'un billet	as'ār el tazāker أسعار التذاكر

Pour aller où?	lefeyn? لفين؟
Quelle destination?	le'ayī mahatta? لأي محطة؟
Je voudrais ...	mehtāg ... محتاج ...
un billet	tazzkara wahda تذكرة واحدة
deux billets	tazzkarteyn تذكرتين
trois billets	talat tazāker تلات تذاكر

aller simple	zehāb faqatt ذهاب فقط
aller-retour	zehāb we 'awda ذهاب وعودة
première classe	daraga ūla درجة أولى
classe économique	daraga tanya درجة ثانية

aujourd'hui	el naharda النهاردة
demain	bokra بكرة
après-demain	ba'd bokra بعد بكرة
dans la matinée	el sobh الصبح
l'après-midi	ba'd el zohr بعد الظهر
dans la soirée	bel leyl بالليل

siège côté couloir

korsy mammar

كرسي ممر

siège côté fenêtre

korsy ʃebbāk

كرسي شباك

C'est combien?

bekām?

بكام؟

Puis-je payer avec la carte?

momken addfaʿ be kart e'temān?

ممكن أدفع بكارت إئتمان؟

L'autobus

bus, autobus	el otobiis الأوتوبيس
autocar	otobiis beyn el moddon أوتوبيس بين المدن
arrêt d'autobus	mahattet el otobiis محطة الأوتوبيس
Où est l'arrêt d'autobus le plus proche?	feyn aqrab mahattet otobiis? فين أقرب محطة أوتوبيس؟

numéro	raqam رقم
Quel bus dois-je prendre pour aller à ...?	'āχod ayī otobiis le ...? أخذ أي اوتوبيس لـ...؟
Est-ce que ce bus va à ...?	el otobiis da beyrūh ...? الأوتوبيس دة بيروح ...؟
L'autobus passe tous les combien?	el otobiis beyīgi kol 'add eyh? الأوتوبيس بيجي كل قد إيه؟

chaque quart d'heure	kol χamasstāʃar daqīqa كل 15 دقيقة
chaque demi-heure	kol noss sā'a كل نص ساعة
chaque heure	kol sā'a كل ساعة
plusieurs fois par jour	kaza marra fel yome كذا مرة في اليوم
... fois par jour	... marrat fell yome ... مرات في اليوم

horaire	gadwal جدول
Où puis-je voir l'horaire?	a'dar aʃūf el gadwal feyn? أقدر أشوف الجدول فين؟
À quelle heure passe le prochain bus?	emta el otobīss elly gayī? إمتى الأتوبيس إللي جاي؟
À quelle heure passe le premier bus?	emta awwel otobiis? إمتى أول أوتوبيس؟
À quelle heure passe le dernier bus?	emta 'āχer otobiis? إمتى آخر أوتوبيس؟

arrêt	mahatta محطة
prochain arrêt	el mahatta el gaya المحطة الجاية

terminus

aχer maḥaṭṭa

آخر محطة (آخر الخط)

Pouvez-vous arrêter ici, s'il vous plaît.

laww samaḥt, wa'eff hena

لو سمحت، وقف هنا

Excusez-moi, c'est mon arrêt.

ba'd ezznak, di maḥaṭṭetti

بعد إذنك، دي محطتي

Train

train	el 'aṭṭr القطر
train de banlieue	'aṭṭr el dawāhy قطر الضواحي
train de grande ligne	'aṭṭr el masāfāt el ṭawīla قطر المسافات الطويلة
la gare	mahaṭṭet el 'aṭṭr محطة القطر
Excusez-moi, où est la sortie vers les quais?	ba'd ezznak, meneyn el ṭarīq lel raṣīf بعد إذنك، منين الطريق للرصيف؟

Est-ce que ce train va à ...?	el 'aṭṭr da beyrūh ...? القطر دة بيروح ...؟
le prochain train	el 'aṭṭr el gayī? القطر الجاي؟
À quelle heure est le prochain train?	emta el 'aṭṭr elly gayī? إمتى القطر إللي جاي؟
Où puis-je voir l'horaire?	a'dar aʃūf el gadwal feyn? أقدر أشوف الجدول فين؟
De quel quai?	men ayī raṣīf? من أي رصيف؟
À quelle heure arrive le train à ...?	emta yewṣal el 'aṭṭr ...? إمتى يوصل القطر ... ؟

Pouvez-vous m'aider, s'il vous plaît?	argūk sā'dny ارجوك ساعدني
Je cherche ma place.	baddawwar 'lal korsy betā'y بأدور على الكرسي بتاعي
Nous cherchons nos places.	ehna benndawwar 'la karāsy إحنا بندور على كراسي
Ma place est occupée.	el korsy betā'i maʃγūl الكرسي بتاعي مشغول
Nos places sont occupées.	karaseyna maʃγūla كراسينا مشغولة

Excusez-moi, mais c'est ma place.	'ann ezznak, el korsy da betā'y عن إذنك، الكرسي دة بتاعي
Est-ce que cette place est libre?	el korsy da mahgūz? الكرسي دة محجوز؟
Puis-je m'asseoir ici?	momken a''od hena? ممكن أقعد هنا؟

Sur le train - Dialogue (Pas de billet)

Votre billet, s'il vous plaît.

tazāker men faḍlak

تذاكر من فضلك

Je n'ai pas de billet.

ma'andīʃ tazzkara

ما عنديش تذكرة

J'ai perdu mon billet.

tazzkarty ḍā'et

تذكرتي ضاعت

J'ai oublié mon billet à la maison.

nesīt tazkarty fel beyt

نسيت تذكرتي في البيت

Vous pouvez m'acheter un billet.

momken teʃtery menny tazkara

ممكن تشتري مني تذكرة

Vous devrez aussi payer une amende.

lāzem teddfa' ɣarāma kaman

لازم تدفع غرامة كمان

D'accord.

tamām

تمام

Où allez-vous?

enta rāyeḥ feyn?

إنت رايح فين؟

Je vais à ...

ana rāyeḥ le...

أنا رايح لـ...

Combien? Je ne comprend pas.

bekām? ana meʃ fāhem

بكام؟ أنا مش فاهم

Pouvez-vous l'écrire, s'il vous plaît.

ektebha laww samaḥt

إكتبها لو سمحت

D'accord. Puis-je payer avec la carte?

tamām. momken addfa' be kredit kard?

تمام. ممكن أدفع بكريدت كارد؟

Oui, bien sûr.

aywā momken

أيوة ممكن

Voici votre reçu.

ettfaḍḍal el īṣāl

اتفضل الإيصال

Désolé pour l'amende.

'āssef beҳeṣūṣ el ɣarāma

آسف بخصوص الغرامة

Ça va. C'est de ma faute.

mafīʃ moʃkela. di ɣalṭety

ما فيش مشكلة. دي غلطتي

Bon voyage.

esstammte' be reḥlatek

استمتع برحلتك

Taxi

taxi	taksi تاكسي
chauffeur de taxi	sawwā' el taksi سواق التاكسي
prendre un taxi	'āҳod taksi أخد تاكسي
arrêt de taxi	maw'af taksi موقف تاكسي
Où puis-je trouver un taxi?	meneyn āҳod taksi? منين أخد تاكسي؟
appeler un taxi	an taṭṭlob taksi أن تطلب تاكسي
Il me faut un taxi.	aḥtāg taksi أحتاج تاكسي
maintenant	al'āan الآن
Quelle est votre adresse?	ma howa 'ennwānak? ما هو عنوانك؟
Mon adresse est ...	'ennwāny fi ... عنواني في ...
Votre destination?	ettegāhak? إتجاهك؟

Excusez-moi, ...	ba'd ezznak, ... بعد إذنك، ...
Vous êtes libre ?	enta fāḍy? إنت فاضي؟
Combien ça coûte pour aller à ...?	bekām arūḥ...? بكام أروح...؟
Vous savez où ça se trouve?	te'raf hiya feyn? تعرف هي فين؟

À l'aéroport, s'il vous plaît.	el maṭār men faḍlak المطار من فضلك
Arrêtez ici, s'il vous plaît.	wa'eff hena, laww samaḥt وقف هنا، لو سمحت
Ce n'est pas ici.	meʃ hena مش هنا
C'est la mauvaise adresse.	da 'enwān ɣalat دة عنوان غلط
tournez à gauche	oddҳol ʃemal ادخل شمال
tournez à droite	oddҳol yemīn ادخل يمين

Combien je vous dois?	'layī līk ḳām? علیّ لك كام؟
J'aimerais avoir un reçu, s'il vous plaît.	'āyez īṣāl men faḍlak. عايز إيصال، من فضلك.
Gardez la monnaie.	ҳally el bā'y خللي الباقي

Attendez-moi, s'il vous plaît …	momken tesstannāny laww samaḥt? ممكن تستناني لو سمحت؟
cinq minutes	ҳamas daqā'eq خمس دقائق
dix minutes	'aʃar daqā'eq عشر دقائق
quinze minutes	rob' sā'a ربع ساعة
vingt minutes	telt sā'a تلت ساعة
une demi-heure	noṣṣ sā'a نص ساعة

Hôtel

Bonjour.	ahlan أهلا
Je m'appelle ...	essmy ... إسمي ...
J'ai réservé une chambre.	'andy ḥaggz عندي حجز

Je voudrais ...	meḥtāg ... محتاج ...
une chambre simple	ɣorfa moffrada غرفة مفردة
une chambre double	ɣorfa mozzdawwaga غرفة مزدوجة
C'est combien?	se'raha kām? سعرها كام؟
C'est un peu cher.	di ɣalya ʃewaya دي غالية شوية

Avez-vous autre chose?	'andak xayarāt tanya? عندك خيارات تانية؟
Je vais la prendre.	haxod-ha ح أخدها
Je vais payer comptant.	ḥaddfa' naqqdy ح أدفع نقدي

J'ai un problème.	ana 'andy moʃkela أنا عندي مشكلة
Mon ... est cassé /Ma ... est cassée/	... maksūr مكسور...
Mon /Ma/ ... ne fonctionne pas.	... 'atlān /'atlāna/ /عطلان /عطلانة...
télé	el televizyōn التليفزيون
air conditionné	el takyīf التكييف
robinet	el ḥanafiya (~ 'atlāna) الحنفية

douche	el doʃ الدش
évier	el banyo البانيو
coffre-fort	el xāzena (~ 'atlāna) الخازنة

serrure de porte	'eff el bāb
	قفل الباب
prise électrique	maxrag el kahraba
	مخرج الكهربا
sèche-cheveux	mogaffef el ʃa'r
	مجفف الشعر

Je n'ai pas …	ma'andīʃ …
	ما عنديش …
d'eau	maya
	مية
de lumière	nūr
	نور
d'électricité	kahraba
	كهربا

Pouvez-vous me donner …?	momken teddīny …?
	ممكن تديني …؟
une serviette	fūṭa
	فوطة
une couverture	baṭṭaneya
	بطانية
des pantoufles	ʃebʃeb
	شبشب
une robe de chambre	robe
	روب
du shampoing	ʃambū
	شامبو
du savon	ṣabūn
	صابون

Je voudrais changer ma chambre.	ahebb ayayar el oḍa
	أحب أغير الأوضة
Je ne trouve pas ma clé.	meʃ lā'y meftāḥy
	مش لاقي مفتاحي
Pourriez-vous ouvrir ma chambre, s'il vous plaît?	momken tefftaḥ oḍḍty men faḍlak?
	ممكن تفتح أوضتي من فضلك؟
Qui est là?	meyn henāk?
	مين هناك؟
Entrez!	ettfaḍḍal!
	إتفضل!
Une minute!	daqīqa wāḥeda!
	دقيقة واحدة!
Pas maintenant, s'il vous plaît.	meʃ dellwa'ty men faḍlak
	مش دلوقتي من فضلك

Pouvez-vous venir à ma chambre, s'il vous plaît.	ta'āla oḍḍty laww samaḥt
	تعالى أوضتي لو سمحت
J'aimerais avoir le service d'étage.	'āyez talab men xeddmet el wagabāt
	عايز طلب من خدمة الوجبات
Mon numéro de chambre est le …	raqam oḍḍty howa …
	رقم أوضتي هو …

Je pars ...	ana māʃy ... أنا ماشي ...
Nous partons ...	eḥna maʃyīn ... إحنا ماشيين ...
maintenant	dellwaʾty دلوقتي
cet après-midi	baʿd el ẓohr بعد الظهر
ce soir	el leyla di الليلة دي
demain	bokra بكرة
demain matin	bokra el ṣobh بكرة الصبح
demain après-midi	bokra bel leyl بكرة بالليل
après-demain	baʿd bokra بعد بكرة

Je voudrais régler mon compte.	aḥebb adfaʿ أحب أدفع
Tout était merveilleux.	kol ʃeyʾ kan rāʾeʿ كل شيء كان رائع
Où puis-je trouver un taxi?	feyn momken alāʾy taksi? فين ممكن ألاقي تاكسي؟
Pourriez-vous m'appeler un taxi, s'il vous plaît?	momken toṭṭlob lī taksi laww samaḥt? ممكن تطلب لي تاكسي لو سمحت؟

Restaurant

Puis-je voir le menu, s'il vous plaît?
momken aʃūf qāʾema el taʿām men faḍlak?
ممكن أشوف قائمة الطعام من فضلك؟

Une table pour une personne.
tarabeyza le ʃaxs wāḥed
ترابيزة لشخص واحد

Nous sommes deux (trois, quatre).
ehna etneyn (talāta, arbaʿa)
إحنا اتنين (ثلاثة، أربعة)

Fumeurs
modaxenīn
مدخنين

Non-fumeurs
ɣeyr moddaxenīn
غير مدخنين

S'il vous plaît!
laww samaḥt
لو سمحت

menu
qāʾemat el taʿām
قائمة الطعام

carte des vins
qāʾemat el nebīz
قائمة النبيذ

Le menu, s'il vous plaît.
el qāʾema, laww samaḥt
القائمة، لو سمحت

Êtes-vous prêts à commander?
mosstaʿed tottlob?
مستعد تطلب؟

Qu'allez-vous prendre?
hatāxod eh?
ح تاخد إيه؟

Je vais prendre ...
ana hāxod ...
أنا ح أخد ...

Je suis végétarien.
ana nabāty
أنا نباتي

viande
laḥma
لحم

poisson
samakk
سمك

légumes
xoḍār
خضار

Avez-vous des plats végétariens?
ʿandak attbāq nabātiya?
عندك أطباق نباتية؟

Je ne mange pas de porc.
lā ʾāakol el xanzīr
لا أكل الخنزير

Il /elle/ ne mange pas de viande.
howwa /hiya/ la tākol el laḥm
هو/هي/ لا تأكل اللحم

Je suis allergique à ...	'andy hasasseya men ... عندي حساسية من ...
Pourriez-vous m'apporter ..., s'il vous plaît.	momken tegīb lī ... ممكن تجيب لي...
le sel | le poivre | du sucre	melh | felfel | sokkar سكر I فلفل I ملح
un café | un thé | un dessert	'ahwa | ʃāy | helw حلو I شاي I قهوة
de l'eau | gazeuse | plate	meyāh | ɣaziya | 'adiya عادية I غازية I مياه
une cuillère | une fourchette | un couteau	ma'la'a | ʃowka | sekkīna سكينة I شوكة I ملعقة
une assiette | une serviette	tabaq | fūta فوطةI طبق

Bon appétit!	bel hana wel ʃefa بالهنا والشفا
Un de plus, s'il vous plaît.	wahda kamān laww samaht واحدة كمان لو سمحت
C'était délicieux.	kanet lazīza geddan كانت لذيذة جدا

---

l'addition | de la monnaie | le pourboire	ʃīk | fakka | ba'ʃīʃ بقشيشI فكةI شيك
L'addition, s'il vous plaît.	momken el hesāb laww samaht? ممكن الحساب لو سمحت؟
Puis-je payer avec la carte?	momken addfa' þe kart e'temān? ممكن أدفع بكارت إئتمان؟
Excusez-moi, je crois qu'il y a une erreur ici.	ana 'āssif, feyh ɣalta hena أنا آسف، في غلطة هنا

Shopping. Faire les Magasins

Est-ce que je peux vous aider?	momken asa'dak? ممكن أساعدك؟
Avez-vous ... ?	ya tara 'andak ...? يا ترى عندك ...؟
Je cherche ...	ana badawwar 'la ... أنا بادور على ...
Il me faut ...	mehtāg ... محتاج ...

Je regarde seulement, merci.	ana battfarrag أنا بأتفرج
Nous regardons seulement, merci.	ehna benettfarrag إحنا بنتفرج
Je reviendrai plus tard.	hāgy ba'deyn ح أجي بعدين
On reviendra plus tard.	haneygy ba'deyn ح نجي بعدين
Rabais	Soldes	taxfīdāt	okazyōn أوكازيون| تخفيضات

Montrez-moi, s'il vous plaît ...	momken tewarrīny ... laww samaht? ممكن توريني ... لو سمحت؟
Donnez-moi, s'il vous plaît ...	momken teddīny ... laww samaht ممكن تديني ... لو سمحت
Est-ce que je peux l'essayer?	momken a'īs? ممكن أقيس؟
Excusez-moi, où est la cabine d'essayage?	laww samaht, feyn el brova? لو سمحت، فين البروفا؟
Quelle couleur aimeriez-vous?	'āyez ayī lone? عايز أي لون؟
taille	longueur	maqās	tūl طول	مقاس
Est-ce que la taille convient ?	ya tara el maqās mazbūt? يا ترى المقاس مضبوط؟

Combien ça coûte?	bekām? بكام؟
C'est trop cher.	da yāly geddan دة غالي جدا
Je vais le prendre.	haftereyh ح أشتريه
Excusez-moi, où est la caisse?	ba'd ezznak, addfa' feyn laww samaht? بعد إذنك، أدفع فين لو سمحت؟

Payerez-vous comptant ou par carte de crédit?	ḥateddfa' naqqdan walla be kart e'temān? **ح تدفع نقدا ولا بكارت إئتمان؟**
Comptant | par carte de crédit	naqdan | be kart e'temān **بكارت إئتمان ا نقدا**
Voulez-vous un reçu?	'āyez īṣāl? **عايز إيصال؟**
Oui, s'il vous plaît.	aywā, men faḍlak **أيوة، من فضلك**
Non, ce n'est pas nécessaire.	lā, mafiʃ moʃkela **لا، ما فيش مشكلة**
Merci. Bonne journée!	ʃokran. yome saʿīd **شكرا. يوم سعيد**

En ville

Excusez-moi, ...	ba'd ezznak, laww samaḥt
	بعد إذنك، لو سمحت
Je cherche ...	ana badawwar 'la ...
	أنا بادور على ...

le métro	metro el anfā'
	مترو الأنفاق
mon hôtel	el fondo' betā'i
	الفندق بتاعي
le cinéma	el sinema
	السينما
un arrêt de taxi	maw'af taksi
	موقف تاكسي

un distributeur	makīnet ṣarraf 'āaly
	ماكينة صراف آلي
un bureau de change	maktab ṣarrafa
	مكتب صرافة
un café internet	maqha internet
	مقهى انترنت

la rue ...	ʃāre'...
	... شارع
cette place-ci	el makān da
	المكان دة

Savez-vous où se trouve ...?	hal te'raf feyn ...?
	هل تعرف فين ...؟
Quelle est cette rue?	essmu eyh el ʃāre' da?
	اسمه إيه الشارع دة؟

Montrez-moi où sommes-nous, s'il vous plaît.	momken tewarrīny eḥna feyn dellwa'ty?
	ممكن توريني إحنا فين دلوقتي؟
Est-ce que je peux y aller à pied?	momken awṣal ḥenāk māʃy?
	ممكن أوصل هناك ماشي؟
Avez-vous une carte de la ville?	'andak χarīṭa lel madīna?
	عندك خريطة للمدينة؟

C'est combien pour un ticket?	bekām tazkaret el doχūl?
	بكام تذكرة الدخول؟
Est-ce que je peux faire des photos?	momken aṣṣawwar hena?
	ممكن أصور هنا؟
Êtes-vous ouvert?	entom fatt-ḥīn?
	إنتم فاتحين؟

À quelle heure ouvrez-vous?

emta betefftaḥu?

إمتى بتفتحوا؟

À quelle heure fermez-vous?

emta bete'ffelu?

إمتى بتقفلوا؟

L'argent

argent	folūss فلوس
argent liquide	naqdy نقدي
des billets	folūss waraqiya فلوس ورقية
petite monnaie	fakka فكة
l'addition | de la monnaie | le pourboire	ʃīk | fakka | ba'ʃīʃ بقشيش| فكة| شيك

carte de crédit	kart e'temān كارت إئتمان
portefeuille	maḥfaza محفظة
acheter	ʃerā' شراء
payer	daf' دفع
amende	ɣarāma غرامة
gratuit	maggānan مجانا

Où puis-je acheter … ?	feyn momken aʃtery …? فين ممكن أشتري ...؟
Est-ce que la banque est ouverte en ce moment?	hal el bank fāteh dellwa'ty هل البنك فاتح دلوقتي؟
À quelle heure ouvre-t-elle?	emta betefftah? إمتى بيفتح؟
À quelle heure ferme-t-elle?	emta beye'ffel? إمتى بيقفل؟

C'est combien?	bekām? بكام؟
Combien ça coûte?	bekām da? بكام دة؟
C'est trop cher.	da ɣāly geddan دة غالي جدا

Excusez-moi, où est la caisse?	ba'd ezznak, addfa' feyn laww samaḥt? بعد إذنك، أدفع فين لو سمحت؟
L'addition, s'il vous plaît.	el hesāb men faḍlak الحساب من فضلك

Puis-je payer avec la carte?	momken addfaʿ þe kart eʾtemān? ممكن أدفع بكارت إئتمان؟
Est-ce qu'il y a un distributeur ici?	feyh hena makīnet ṣarraf ʾāaly? فيه هنا ماكينة صراف آلي؟
Je cherche un distributeur.	baddawwar ʿla makīnet ṣarraf ʾālly بادور على ماكينة صراف آلي
Je cherche un bureau de change.	baddawwar ʿla maktab ṣarrāfa بادور على مكتب صرافة
Je voudrais changer ...	ʿāyez aɣayar ... عايز أغير ...
Quel est le taux de change?	seʿr el ʿomla kām? سعر العملة كام؟
Avez-vous besoin de mon passeport?	enta meḥtāg gawāz safary? إنت محتاج جواز سفري؟

Le temps

Quelle heure est-il?	el sā'a kām? الساعة كام؟
Quand?	emta? إمتى؟
À quelle heure?	fi ayī sā'a? في أي ساعة؟
maintenant | plus tard | après …	dellwa'ty | ba'deyn | ba'd … ... بعد ا بعدين ا دلوقتي

une heure	el sā'a wahda الساعة واحدة
une heure et quart	el sā'a wahda we rob' الساعة واحدة وربع
une heure et demie	el sā'a wahda we noss الساعة واحدة ونص
deux heures moins quart	el sā'a etneyn ellā rob' الساعة إتنين إلا ربع

un | deux | trois	wahda | etneyn | talāta تلاتة اتنين واحدة
quatre | cinq | six	arba'a | xamsa | setta ستة أخمسة الأربعة
sept | huit | neuf	sabb'a | tamanya | tess'a تسعة ا تمانية ا سبعة
dix | onze | douze	'afra | hedāʃar | etnāʃar اتناشر ا حداشر ا عشرة

dans …	fi … ... في
cinq minutes	xamas daqā'eq خمس دقائق
dix minutes	'aʃar daqā'eq عشر دقائق
quinze minutes	rob' sā'a ربع ساعة
vingt minutes	telt sā'a تلت ساعة

une demi-heure	noss sā'a نص ساعة
une heure	sā'a ساعة

dans la matinée	el sobḥ
	الصبح
tôt le matin	el sobḥ badri
	الصبح بدري
ce matin	el naharda el ṣobḥ
	النهاردة الصبح
demain matin	bokra el ṣobḥ
	بكرة الصبح

à midi	fi noṣṣ el yome
	في نص اليوم
dans l'après-midi	ba'd el ẓohr
	بعد الظهر
dans la soirée	bel leyl
	بالليل
ce soir	el leyla di
	الليلة دي

la nuit	bel leyl
	بالليل
hier	emmbāreḥ
	إمبارح
aujourd'hui	el naharda
	النهاردة
demain	bokra
	بكرة
après-demain	ba'd bokra
	بعد بكرة

Quel jour sommes-nous aujourd'hui?	el naharda eyh fel ayām?
	النهاردة إيه في الأيام؟
Nous sommes ...	el naharda ...
	النهاردة ...
lundi	el etneyn
	الإتنين
mardi	el talāt
	التلات
mercredi	el 'arba'
	الأربع

jeudi	el χamīs
	الخميس
vendredi	el gumu'ā
	الجمعة
samedi	el sabt
	السبت
dimanche	el ḥadd
	الحد

Salutations - Introductions

Bonjour.	ahlan أهلا
Enchanté /Enchantée/	saïd be leqā'ak سعيد بلقائك
Moi aussi.	ana ass'ad أنا أسعد
Je voudrais vous présenter ...	a'arrafak be ... أعرفك بـ ...
Ravi /Ravie/ de vous rencontrer.	forsa saïda فرصة سعيدة

Comment allez-vous?	ezzayak? إزيك؟
Je m'appelle ...	esmy ... أسمي ...
Il s'appelle ...	essmu ... إسمه ...
Elle s'appelle ...	essmaha ... إسمها ...
Comment vous appelez-vous?	essmak eyh? إسمك إيه؟
Quel est son nom?	essmu eyh? إسمه إيه؟
Quel est son nom?	essmaha eyh? إسمها إيه؟

Quel est votre nom de famille?	essm 'ā'eltak eyh? إسم عائلتك إيه؟
Vous pouvez m'appeler ...	te'ddar tenadīny be... تقدر تناديني بـ...
D'où êtes-vous?	enta meneyn? إنت منين؟
Je suis de ...	ana men ... أنا من ...
Qu'est-ce que vous faites dans la vie?	beteshtayal eh? بتشتغل إيه؟
Qui est-ce?	meyn da مين دة
Qui est-il?	meyn howwa? مين هو؟
Qui est-elle?	meyn hiya? مين هي؟
Qui sont-ils?	meyn homm? مين هم؟

C'est ...	da yeb'ā ... دة يبقى ...
mon ami	ṣadīqy صديقي
mon amie	ṣadīqaty صديقتي
mon mari	gouzy جوزي
ma femme	merāty مراتي
mon père	waldy والدي
ma mère	waldety والدتي
mon frère	axūya أخويا
mon fils	ebny إبني
ma fille	bennty بنتي
C'est notre fils.	da ebnena دة إبننا
C'est notre fille.	di benntena دي بنتننا
Ce sont mes enfants.	dole awwlādy دول أولادي
Ce sont nos enfants.	dole awwladna دول أولادنا

Les adieux

Au revoir!	ella alliqā' إلى اللقاء
Salut!	salām سلام
À demain.	aʃūfak bokra أشوفك بكرة
À bientôt.	aʃūfak orayeb أشوفك قريب
On se revoit à sept heures.	aʃūfak el sā'a sab'a أشوفك الساعة سبعة

Amusez-vous bien!	esstammte'! !إستمتع
On se voit plus tard.	netkallem ba'deyn نتكلم بعدين
Bonne fin de semaine.	'ottlet osbū' sa'īda عطلة أسبوع سعيدة
Bonne nuit.	tessbah 'la xeyr تصبح على خير

Il est l'heure que je parte.	gā' waqt el zehāb جاء وقت الذهاب
Je dois m'en aller.	lāzem amʃy لازم أمشي
Je reviens tout de suite.	harga' 'la ţūl ح أرجع على طول

Il est tard.	el waqt mett'axar الوقت متأخر
Je dois me lever tôt.	lāzem ass-ha badry لازم أصحى بدري
Je pars demain.	ana māʃy bokra أنا ماشي بكرة
Nous partons demain.	ehhna maʃyīn bokra إحنا ماشيين بكرة

Bon voyage!	rehla sa'īda! !رحلة سعيدة
Enchanté de faire votre connaissance.	forsa sa'īda فرصة سعيدة
Heureux /Heureuse/ d'avoir parlé avec vous.	sa'eddt bel kalām ma'ak سعدت بالكلام معك
Merci pour tout.	ʃokran 'la koll ʃey' شكرا على كل شيء

Je me suis vraiment amusé /amusée/	ana qaḍḍayt waqṭ saʿīd أنا قضيت وقت سعيد
Nous nous sommes vraiment amusés /amusées/	eḥna 'aḍḍeyna wa't saʿīd إحنا قضينا وقت سعيد
C'était vraiment plaisant.	kan bel feʿl rāʾeʿ كان بالفعل رائع
Vous allez me manquer.	hatewwḥaʃīny ح توحشني
Vous allez nous manquer.	hatewwḥaʃna ح توحشنا

Bonne chance!	ḥazz saʿīd! حظ سعيد!
Mes salutations à …	taḥīāty le… تحياتي لـ...

Une langue étrangère

Je ne comprends pas.	ana meʃ fāhem
	أنا مش فاهم
Écrivez-le, s'il vous plaît.	ektebha laww samaht
	إكتبها لو سمحت
Parlez-vous ...?	enta betettkalem ...?
	انت بتتكلم ...؟

Je parle un peu ...	ana battkallem ʃewaya ...
	أنا باتكلم شوية ...
anglais	engilīzy
	انجليزي
turc	torky
	تركي
arabe	ʿaraby
	عربي
français	faransāwy
	فرنساوي

allemand	almāny
	ألماني
italien	iṭāly
	إيطالي
espagnol	asbāny
	أسباني
portugais	bortoɣāly
	برتغالي
chinois	ṣīny
	صيني
japonais	yabāny
	ياباني

Pouvez-vous le répéter, s'il vous plaît.	momken teʿīd el kalām men faḍlak?
	ممكن تعيد الكلام من فضلك؟
Je comprends.	ana fāhem
	انا فاهم
Je ne comprends pas.	ana meʃ fāhem
	انا مش فاهم
Parlez plus lentement, s'il vous plaît.	momken tetkallem abṭaʾ laww samaht?
	ممكن تتكلم ابطأ لو سمحت؟

Est-ce que c'est correct?	keda ṣahh?
	كدة صح؟
Qu'est-ce que c'est?	eh da?
	إيه دة؟

Les excuses

Excusez-moi, s'il vous plaît.	ba'd ezznak, laww samaht بعد إذنك، لو سمحت
Je suis désolé /désolée/	ana 'āṣṣif أنا آسف
Je suis vraiment /désolée/	ana 'āṣṣif beggad أنا آسف بجد
Désolé /Désolée/, c'est ma faute.	ana 'āṣṣif, di ɣalṭeti أنا آسف، دي غلطتي
Au temps pour moi.	ɣalṭety غلطتي

Puis-je … ?	momken …? ممكن ...؟
Ça vous dérange si je …?	teḍḍāyi' laww …? تتضايق لو ...؟
Ce n'est pas grave.	mafiʃ moʃkela ما فيش مشكلة
Ça va.	kollo tamām كله تمام
Ne vous inquiétez pas.	mate'la'ʃ ما تقلقش

Les accords

Oui	aywā أيوة
Oui, bien sûr.	aywa, akīd ايوة، أكيد
Bien.	tamām تمام
Très bien.	kowayīs geddan كويس جدا
Bien sûr!	bekol ta'kīd! إبكل تأكيد!
Je suis d'accord.	mewāfe' موافق

C'est correct.	da ṣaḥīḥ دة صحيح
C'est exact.	da ṣaḥḥ دة صح
Vous avez raison.	kalāmak ṣaḥḥ كلامك صح
Je ne suis pas contre.	ma'andīʃ māne' ما عنديش مانع
Tout à fait correct.	ṣaḥḥ tamāman صح تماما

C'est possible.	momken ممكن
C'est une bonne idée.	di fekra kewayīsa دي فكرة كويسة
Je ne peux pas dire non.	ma'darʃ a'ūl la' ما أقدرش أقول لأ
J'en serai ravi /ravie/	bekol sorūr حكون سعيد
Avec plaisir.	bekol sorūr بكل سرور

Refus, exprimer le doute

Non	la'a لأ
Absolument pas.	akīd la' أكيد لأ
Je ne suis pas d'accord.	meʃ mewāfe' مش موافق
Je ne le crois pas.	ma 'azzonneʃ keda ما أظنش كدة
Ce n'est pas vrai.	da meʃ ṣaḥīḥ دة مش صحيح
Vous avez tort.	enta ɣalṭān إنت غلطان
Je pense que vous avez tort.	azonn ennak ɣalṭān أظن إنك غلطان
Je ne suis pas sûr /sûre/	meʃ akīd مش أكيد
C'est impossible.	da mos-taḥīl دة مستحيل
Pas du tout!	mafīʃ ḥāga keda! !ما فيش حاجة كدة
Au contraire!	el 'akss tamāman العكس تماما
Je suis contre.	ana ḍedd da أنا ضد دة
Ça m'est égal.	ma yehemmenīʃ ما يهمنيش
Je n'ai aucune idée.	ma'andīʃ fekra ما عنديش فكرة
Je doute que cela soit ainsi.	aʃokk fe da أشك في دة
Désolé /Désolée/, je ne peux pas.	'āssef ma 'qdarʃ آسف، ما أقدرش
Désolé /Désolée/, je ne veux pas.	'āssef meʃ 'ayez آسف، مش عايز
Merci, mais ça ne m'intéresse pas.	ʃokran, bass ana meʃ meḥtāg loh شكرا، بس أنا مش محتاج له
Il se fait tard.	el waqt mett'aχar الوقت متأخر

Je dois me lever tôt.

lāzem aṣṣ-ha badry

لازم أصحى بدري

Je ne me sens pas bien.

ana ta'bān

أنا تعبان

Exprimer la gratitude

Merci.	ʃokran شكراً
Merci beaucoup.	ʃokran gazīlan شكراً جزيلاً
Je l'apprécie beaucoup.	ana ha'i'i me'addar da أنا حقيقي مقدر دة
Je vous suis très reconnaissant.	ana mommtann līk geddan أنا ممتن لك جداً
Nous vous sommes très reconnaissant.	eḥna mommtannīn līk geddan إحنا ممتنين لك جداً

Merci pour votre temps.	ʃokran ʿla waʾtak شكراً على وقتك
Merci pour tout.	ʃokran ʿla koll ʃey' شكراً على كل شيء
Merci pour ...	ʃokran ʿla ... شكراً على ...
votre aide	mosaʿdetak مساعدتك
les bons moments passés	el waqt الوقت اللطيف

un repas merveilleux	wagba rāʾeʿa وجبة رائعة
cette agréable soirée	amsiya mummteʾa أمسية ممتعة
cette merveilleuse journée	yome rāʾeʿ يوم رائع
une excursion extraordinaire	reḥla mod-heʃa رحلة مدهشة

Il n'y a pas de quoi.	lā ʃokr ʿla wāgeb لا شكر على واجب
Vous êtes les bienvenus.	el ʿafw العفو
Mon plaisir.	ayī waqt أي وقت
J'ai été heureux /heureuse/ de vous aider.	bekol sorūr بكل سرور
Ça va. N'y pensez plus.	ennsa إنسى
Ne vous inquiétez pas.	mateʾlaʾʃ ما تقلقش

Félicitations. Vœux de fête

Félicitations!	ohannīk! أهنيك!
Joyeux anniversaire!	ʿīd milād saʿīd! عيد ميلاد سعيد!
Joyeux Noël!	ʿīd milād saʿīd! عيد ميلاد سعيد!
Bonne Année!	sana gedīda saʿīda! سنة جديدة سعيدة!

Joyeuses Pâques!	ʃamm nessīm saʿīd! شم نسيم سعيد!
Joyeux Hanoukka!	hanūka saʿīda! هانوكا سعيدة!

Je voudrais proposer un toast.	aḥebb aqtareḥ neʃrab naxab أحب أقترح نشرب نخب
Santé!	fi seḥḥettak في صحتك
Buvons à ...!	yalla neʃrab fe ...! يالا نشرب في ...!
À notre succès!	nagāḥna نجاحنا
À votre succès!	nagāḥak نجاحك

Bonne chance!	ḥazz saʿīd! حظ سعيد!
Bonne journée!	nahārak saʿīd! نهارك سعيد!
Passez de bonnes vacances !	agāza ṭayeba! أجازة طيبة!
Bon voyage!	trūḥ bel salāma! تروح بالسلامة!
Rétablissez-vous vite.	atmanna ennak taṭaʿāfa besorʿa! أتمنى إنك تتعافى بسرعة!

Socialiser

Pourquoi êtes-vous si triste?	enta leyh za'lān? إنت ليه زعلان؟
Souriez!	ebbtassem! farrfeʃ! افرفش! إبتسم!
Êtes-vous libre ce soir?	enta fādy el leyla di? إنت فاضي الليلة دي؟

Puis-je vous offrir un verre?	momken a'zemak 'la maʃrūb? ممكن أعزمك على مشروب؟
Voulez-vous danser?	teḥebb torr'oṣṣ? تحب ترقص؟
Et si on va au cinéma?	yalla nerūḥ el sinema ياللا نروح السينما

Puis-je vous inviter ...	momken a'zemak 'la ...? ممكن أعزمك على ...؟
au restaurant	maṭṭ'am مطعم
au cinéma	el sinema السينما
au théâtre	el masraḥ المسرح
pour une promenade	tamʃeya تمشية

À quelle heure?	fi ayī sā'a? في أي ساعة؟
ce soir	el leyla di الليلة دي
à six heures	el sā'a setta الساعة ستة
à sept heures	el sā'a sab'a الساعة سبعة
à huit heures	el sā'a tamanya الساعة تمانية
à neuf heures	el sā'a tess'a الساعة تسعة

Est-ce que vous aimez cet endroit?	ya tara 'agbak el makān? يا ترى عاجبك المكان؟
Êtes-vous ici avec quelqu'un?	enta hena ma' ḥadd? إنت هنا مع حد؟
Je suis avec mon ami.	ana ma' ṣadīq أنا مع صديق

Je suis avec mes amis.	ana maʿ aṣṣdiqāʾ أنا مع أصدقاء
Non, je suis seul /seule/	lā, ana waḥḥdy لا، أنا وحدي

As-tu un copain?	hal ʿandak ṣadīq? هل عندك صديق؟
J'ai un copain.	ana ʿandy ṣadīq أنا عندي صديق
As-tu une copine?	hal ʿandak ṣadīqa? هل عندك صديقة؟
J'ai une copine.	ana ʿandy ṣadīqa أنا عندي صديقة

Est-ce que je peux te revoir?	aʿdar aʃūfak tāny? أقدر أشوفك تاني؟
Est-ce que je peux t'appeler?	aʿdar atteṣel bīk? أقدر أتصل بك؟
Appelle-moi.	ettaṣṣel bī إتصل بي
Quel est ton numéro?	eh raqamek? إيه رقمك؟
Tu me manques.	wahaʃtīny وحشتني

Vous avez un très beau nom.	essmek gamīl إسمك جميل
Je t'aime.	oheḅbek أحبك
Veux-tu te marier avec moi?	tettgawwezīny? تتجوزيني؟
Vous plaisantez!	enta bett-hazzar! إنت بتهزر!
Je plaisante.	ana bahazzar bas أنا باهزر بس

Êtes-vous sérieux /sérieuse/?	enta bettettkallem gad? إنت بتتكلم جد؟
Je suis sérieux /sérieuse/	ana gād أنا جاد
Vraiment?!	ṣaḥīḥ? صحيح؟
C'est incroyable!	meʃ maʿʿūl! مش معقول!
Je ne vous crois pas.	ana meʃ meṣṣadʿāk أنا مش مصدقاك
Je ne peux pas.	maʾdarʃ ما أقدرش
Je ne sais pas.	maʾrafʃ ما أعرفش
Je ne vous comprends pas	meʃ fahmāk مش فاهماك

Laissez-moi! Allez-vous-en!	men faḍlak temʃy
	من فضلك تمشي
Laissez-moi tranquille!	sebbny lewaḥḥdy!
	!سيبني لوحدي

Je ne le supporte pas.	ana ǰā atīqo
	أنا لا أطيقه
Vous êtes dégoûtant!	enta mo'reff
	إنت مقرف
Je vais appeler la police!	haṭṭlob el ʃorṭa
	ح أطلب الشرطة

Partager des impressions. Émotions

J'aime ça.	ye'gebny
	يعجبني
C'est gentil.	laṭīf geddan
	لطيف جدا
C'est super!	da rā'e'
	دة رائع
C'est assez bien.	da meʃ saye'
	دة مش سيء

Je n'aime pas ça.	meʃ 'agebny
	مش عاجبني
Ce n'est pas bien.	meʃ kowayīs
	مش كويس
C'est mauvais.	da saye'
	دة سيء
Ce n'est pas bien du tout.	da saye' geddan
	دة سيء جدا
C'est dégoûtant.	da mo'rreff
	دة مقرف

Je suis content /contente/	ana saʿīd
	أنا سعيد
Je suis heureux /heureuse/	ana mabsūṭ
	أنا مبسوط
Je suis amoureux /amoureuse/	ana baḥebb
	أنا باحب
Je suis calme.	ana hādy
	أنا هادي
Je m'ennuie.	ana zah'ān
	أنا زهقان

Je suis fatigué /fatiguée/	ana ta'bān
	أنا تعبان
Je suis triste.	ana ḥazīn
	أنا حزين
J'ai peur.	ana χāyef
	أنا خايف

Je suis fâché /fâchée/	ana ɣadbān
	أنا غضبان
Je suis inquiet /inquiète/	ana qalqān
	أنا قلقان
Je suis nerveux /nerveuse/	ana mutawwatter
	أنا متوتر

Je suis jaloux /jalouse/	ana γayrān أنا غيران
Je suis surpris /surprise/	ana mutafāge' أنا متفاجئ
Je suis gêné /gênée/	ana morrtabek أنا مرتبك

Problèmes. Accidents

J'ai un problème.	ana 'andy moʃkela أنا عندي مشكلة
Nous avons un problème.	ehna 'andena moʃkela إحنا عندنا مشكلة
Je suis perdu /perdue/	ana tāʒeh أنا تايه
J'ai manqué le dernier bus (train).	fātny 'āaxer otobiis فاتني آخر أوتوبيس
Je n'ai plus d'argent.	meʃ fāḍel ma'aya flūss مش فاضل معايا فلوس

J'ai perdu mon ...	ḍā' menny ... betā'y ضاع مني ... بتاعي
On m'a volé mon ...	ḥadd sara' ... betā'y حد سرق ... بتاعي

passeport	bassbore باسبور
portefeuille	maḥfaza محفظة
papiers	awwarā' أوراق
billet	tazzkara تذكرة

argent	folūss فلوس
sac à main	ʃannṭa شنطة
appareil photo	kamera كاميرا
portable	lab tob لاب توب
ma tablette	tablet تابلت
mobile	telefon maḥmūl تليفون محمول

Au secours!	sā'dny! ساعدني!
Qu'est-il arrivé?	eh elly ḥaṣal? إيه إللي حصل؟
un incendie	harīqa حريقة

des coups de feu	ḍarrb nār
	ضرب نار
un meurtre	qattl
	قتل
une explosion	ennfegār
	إنفجار
une bagarre	χenā'a
	خناقة

Appelez la police!	ettaṣel bel ʃorṭa!
	اتصل بالشرطة!
Dépêchez-vous, s'il vous plaît!	besor'a men faḍlak!
	بسرعة من فضلك!
Je cherche le commissariat de police.	baddawwar 'la qessm el ʃorṭa
	بادور على قسم الشرطة
Il me faut faire un appel.	mehtāg a'mel mokalma telefoneya
	محتاج أعمل مكالمة تليفونية
Puis-je utiliser votre téléphone?	momken asstaχdem telefonak?
	ممكن أستخدم تليفونك؟

J'ai été …	ana kont …
	أنا كنت …
agressé /agressée/	ettnaʃalt
	اتنشلت
volé /volée/	ettsaraqt
	اتسرقت
violée	oχtiṣabt
	اغتصبت
attaqué /attaquée/	ta'arraḍt le e'tedā'
	تعرضت لإعتداء

Est-ce que ça va?	enta beχeyr?
	إنت بخير؟
Avez-vous vu qui c'était?	ya tara ʃoft meyn?
	يا ترى شفت مين؟
Pourriez-vous reconnaître cette personne?	te'ddar tett'arraf 'la el ʃaχṣ da?
	تقدر تتعرف على الشخص دة؟
Vous êtes sûr?	enta muta'kked?
	إنت متأكد؟

Calmez-vous, s'il vous plaît.	argūk ehḍa
	أرجوك إهدا
Calmez-vous!	hawwen 'aleyk!
	هون عليك!
Ne vous inquiétez pas.	mate'la'ʃ
	ما تقلقش!
Tout ira bien.	kol ʃey' ḥaykūn tamām
	كل شيء ح يكون تمام
Ça va. Tout va bien.	kol ʃey' tamām
	كل شيء تمام
Venez ici, s'il vous plaît.	ta'āla hena laww samaḥt
	تعالى هنا لو سمحت

J'ai des questions à vous poser.	'andy līk as'ela عندي لك أسئلة
Attendez un moment, s'il vous plaît.	esstanna laḥza men faḍlak إستنى لحظة من فضلك
Avez-vous une carte d'identité?	'andak raqam qawwmy عندك رقم قومي
Merci. Vous pouvez partir maintenant.	ʃokran. momken temʃy dellwa'ty شكرا. ممكن تمشي دلوقتي
Les mains derrière la tête!	eydeyk wara rāsak! إيديك ورا راسك!
Vous êtes arrêté!	enta maqbūḍ 'aleyk! إنت مقبوض عليك!

Problèmes de santé

Aidez-moi, s'il vous plaît.	argūk sāʻdny أرجوك ساعدني
Je ne me sens pas bien.	ana taʻbān أنا تعبان
Mon mari ne se sent pas bien.	gouzy taʻbān جوزي تعبان
Mon fils ...	ebny ... ... إبني
Mon père ...	waldy ... ... والدي

Ma femme ne se sent pas bien.	merāty taʻbāna مراتي تعابة
Ma fille ...	bennty ... ... بنتي
Ma mère ...	waldety ... ... والدتي

J'ai mal ...	ana ʻandy ... ... أنا عندي
à la tête	ṣodāʻ صداع
à la gorge	eḥtiqān fel zore إحتقان في الزور
à l'estomac	mayaṣṣ مغص
aux dents	alam asnān ألم أسنان

J'ai le vertige.	ʃāʻer be dawār شاعر بدوار
Il a de la fièvre.	ʻandak ḥomma عنده حمي
Elle a de la fièvre.	ʻandaha ḥomma عندها حمي
Je ne peux pas respirer.	meʃ ʔāder attnaffess مش قادر أتنفس

J'ai du mal à respirer.	meʃ ʔāder attnaffess مش قادر أتنفس
Je suis asthmatique.	ana ʻandy azzma أنا عندي أزمة
Je suis diabétique.	ana ʻandy el sokkar أنا عندي السكر

Je ne peux pas dormir.	meʃ 'āder anām
	مش قادر أنام
intoxication alimentaire	tassammom ɣezā'y
	تسمم غذائي

Ça fait mal ici.	betewwga' hena
	بتوجع هنا
Aidez-moi!	sā'edny!
	!ساعدني
Je suis ici!	ana hena!
	!أنا هنا
Nous sommes ici!	ehna hena!
	!إحنا هنا
Sortez-moi d'ici!	ɣarragūny men hena
	خرجوني من هنا
J'ai besoin d'un docteur.	ana mehtāg ṭabīb
	أنا محتاج طبيب
Je ne peux pas bouger!	meʃ 'āder at-harrak
	مش قادر أتحرك
Je ne peux pas bouger mes jambes.	meʃ 'āder aharrak reglaya
	مش قادر أحرك رجلية

Je suis blessé /blessée/	'andy garrhḥ
	عندي جرح
Est-ce que c'est sérieux?	da beggad?
	دة بجد؟
Mes papiers sont dans ma poche.	awwrā'y fi geyby
	أوراقي في جيبي
Calmez-vous!	ehhda'!
	!إهدا
Puis-je utiliser votre téléphone?	momken asstaɣdem telefonak?
	ممكن أستخدم تليفونك؟

Appelez une ambulance!	oṭlob 'arabeyet es'āf!
	!أطلب عربية إسعاف
C'est urgent!	di ḥāla messta'gela!
	!ادي حالة مستعجلة
C'est une urgence!	di ḥāla ṭāre'a!
	!ادي حالة طارئة
Dépêchez-vous, s'il vous plaît!	besor'a men faḍlak!
	!إبسرعة من فضلك
Appelez le docteur, s'il vous plaît.	momken tekallem doktore men faḍlak?
	ممكن تكلم دكتور من فضلك؟
Où est l'hôpital?	feyn el mostaʃfa?
	فين المستشفى؟

Comment vous sentez-vous?	ḥāsses be eyh dellwa'ty
	حاسس بإيه دلوقتي؟
Est-ce que ça va?	enta beɣeyr?
	إنت بخير؟
Qu'est-il arrivé?	eh elly ḥaṣal?
	إيه إللي حصل؟

Je me sens mieux maintenant.	ana ḥāsses eny aḥssan dellwa'ty أنا حاسس إني أحسن دلوقتي
Ça va. Tout va bien.	tamām تمام
Ça va.	kollo tamām كله تمام

À la pharmacie

pharmacie	ṣaydaliya
	صيدلية
pharmacie 24 heures	ṣaydaliya arb'a we 'eʃrīn sā'a
	صيدلية 24 ساعة
Où se trouve la pharmacie la plus proche?	feyn aqrab ṣaydaliya?
	فين أقرب صيدلية؟

Est-elle ouverte en ce moment?	hiya fat-ḥa dellwa'ty?
	هي فاتحة دلوقتي؟
À quelle heure ouvre-t-elle?	betefftaḥ emta?
	بتفتح إمتى؟
à quelle heure ferme-t-elle?	bete'ffel emta?
	بتقفل إمتى؟

C'est loin?	hiya be'eyda?
	هي بعيدة؟
Est-ce que je peux y aller à pied?	momken awṣal ḥenāk māʃy?
	ممكن أوصل هناك ماشي؟
Pouvez-vous me le montrer sur la carte?	momken tewarrīny 'lal xarīṭa?
	ممكن توريني على الخريطة؟

Pouvez-vous me donner quelque chose contre ...	men faḍlak eddīny ḥāga le...
	من فضلك إديني حاجة لـ...
le mal de tête	el sodā'
	الصداع
la toux	el koḥḥa
	الكحة
le rhume	el bard
	البرد
la grippe	influenza
	الأنفلوانزا

la fièvre	el ḥumma
	الحمى
un mal d'estomac	el mayaṣṣ
	المغص
la nausée	el ɣasayān
	الغثيان
la diarrhée	el es-hāl
	الإسهال
la constipation	el emsāk
	الإمساك
un mal de dos	alam fel ẓahr
	ألم في الظهر

les douleurs de poitrine	alam fel ṣadr ألم في الصدر
les points de côté	yorrza ganebiya غرزة جانبية
les douleurs abdominales	alam fel baṭṭn ألم في البطن

une pilule	ḥabba حبة
un onguent, une crème	marham, krīm مرهم، كريم
un sirop	ʃarāb شراب
un spray	baχāχ بخاخ
les gouttes	noqaṭṭ نقط

Vous devez allez à l'hôpital.	enta meḥtāg terūḥ انت محتاج تروح المستشفى
assurance maladie	ta'mīn ṣeḥhy تأمين صحي
prescription	roʃetta روشتة
produit anti-insecte	ṭāred lel ḥaʃarāt طارد للحشرات
bandages adhésifs	blastar بلاستر

Les essentiels

Excusez-moi, ...	ba'd ezznak, ... بعد إذنك، ...
Bonjour	ahlan أهلا
Merci	ʃokran شكراً
Au revoir	ella alliqā' إلى اللقاء
Oui	aywā أيوة
Non	la'a لأ
Je ne sais pas.	ma'raʃʃ ما أعرفش
Où? | Où? | Quand?	feyn? | lefeyn? | emta? إمتى؟ | لفين؟ | فين؟

J'ai besoin de ...	mehtāg ... محتاج ...
Je veux ...	'āyez ... عايز ...
Avez-vous ... ?	ya tara 'andak ...? يا ترى عندك...؟
Est-ce qu'il y a ... ici?	feyh hena ...? فيه هنا ...؟
Puis-je ... ?	momken ...? ممكن ...؟
s'il vous plaît (pour une demande)	... men faḍlak من فضلك ...

Je cherche ...	ana badawwar 'la ... أنا بادور على ...
les toilettes	hammām حمام
un distributeur	makīnet ṣarraf 'āaly ماكينة صراف آلي
une pharmacie	ṣaydaliya صيدلية
l'hôpital	mostaʃfa مستشفى
le commissariat de police	'essm el ʃorṭa قسم شرطة
une station de métro	metro el anfā' مترو الأنفاق

un taxi	taksi تاكسي
la gare	mahattet el 'attr محطة القطر

Je m'appelle ...	essmy ... إسمي...
Comment vous appelez-vous?	essmak eyh? اسمك إيه؟
Aidez-moi, s'il vous plaît.	te'ddar tesā'dny? تقدر تساعدني؟
J'ai un problème.	ana 'andy moʃkela أنا عندي مشكلة
Je ne me sens pas bien.	ana ta'bān أنا تعبان
Appelez une ambulance!	otlob 'arabeyet es'āf! أطلب عربية إسعاف!
Puis-je faire un appel?	momken a'mel mokalma telefoniya? ممكن أعمل مكالمة تليفونية؟

Excusez-moi.	ana 'āssif أنا آسف
Je vous en prie.	el 'afw العفو

je, moi	ana أنا
tu, toi	enta أنت
il	howwa هو
elle	hiya هي
ils	homm هم
elles	homm هم
nous	ehna احنا
vous	entom انتم
Vous	haddretak حضرتك

ENTRÉE	doxūl دخول
SORTIE	xorūg خروج
HORS SERVICE | EN PANNE	'attlān عطلان
FERMÉ	moxlaq مغلق

OUVERT	maftūḥ مفتوح
POUR LES FEMMES	lel sayedāt للسيدات
POUR LES HOMMES	lel regāl للرجال

DICTIONNAIRE CONCIS

Cette section contient plus
de 1500 mots les plus utilisés.
Le dictionnaire inclut beaucoup
de termes gastronomiques
et peut être utile lorsque
vous faites le marché
ou commandez des plats
au restaurant

T&P Books Publishing

CONTENU DU DICTIONNAIRE

T&P Books Publishing

1. Le temps. Le calendrier

temps (m)	waqt (m)	وقت
heure (f)	sāʻa (f)	ساعة
demi-heure (f)	niṣf sāʻa (m)	نصف ساعة
minute (f)	daqīqa (f)	دقيقة
seconde (f)	θāniya (f)	ثانية
aujourd'hui (adv)	al yawm	اليوم
demain (adv)	ɣadan	غدا
hier (adv)	ams	أمس
lundi (m)	yawm al iθnayn (m)	يوم الإثنين
mardi (m)	yawm aθ θulāθāʼ (m)	يوم الثلاثاء
mercredi (m)	yawm al arbiʻāʼ (m)	يوم الأربعاء
jeudi (m)	yawm al χamīs (m)	يوم الخميس
vendredi (m)	yawm al ʒumʻa (m)	يوم الجمعة
samedi (m)	yawm as sabt (m)	يوم السبت
dimanche (m)	yawm al aḥad (m)	يوم الأحد
jour (m)	yawm (m)	يوم
jour (m) ouvrable	yawm ʻamal (m)	يوم عمل
jour (m) férié	yawm al ʻuṭla ar rasmiyya (m)	يوم العطلة الرسمية
week-end (m)	ayyām al ʻuṭla (pl)	أيام العطلة
semaine (f)	usbūʻ (m)	أسبوع
la semaine dernière	fil isbūʻ al māḍi	في الأسبوع الماضي
la semaine prochaine	fil isbūʻ al qādim	في الأسبوع القادم
lever (m) du soleil	ʃurūq aʃ ʃams (m)	شروق الشمس
coucher (m) du soleil	ɣurūb aʃ ʃams (m)	غروب الشمس
le matin	fiṣ ṣabāḥ	في الصباح
dans l'après-midi	baʻd aẓ ẓuhr	بعد الظهر
le soir	fil masāʼ	في المساء
ce soir	al yawm fil masāʼ	اليوم في المساء
la nuit	bil layl	بالليل
minuit (f)	muntaṣif al layl (m)	منتصف الليل
janvier (m)	yanāyir (m)	يناير
février (m)	fibrāyir (m)	فبراير
mars (m)	māris (m)	مارس
avril (m)	abrīl (m)	أبريل
mai (m)	māyu (m)	مايو
juin (m)	yūnyu (m)	يونيو
juillet (m)	yūlyu (m)	يوليو

août (m)	aɣustus (m)	أغسطس
septembre (m)	sibtambar (m)	سبتمبر
octobre (m)	uktūbir (m)	أكتوبر
novembre (m)	nuvimbar (m)	نوفمبر
décembre (m)	disimbar (m)	ديسمبر

au printemps	fir rabī‘	في الربيع
en été	fiṣ ṣayf	في الصيف
en automne	fil χarīf	في الخريف
en hiver	fiʃ ʃitā’	في الشتاء

mois (m)	ʃahr (m)	شهر
saison (f)	faṣl (m)	فصل
année (f)	sana (f)	سنة
siècle (m)	qarn (m)	قرن

2. Nombres. Adjectifs numéraux

chiffre (m)	raqm (m)	رقم
nombre (m)	‘adad (m)	عدد
moins (m)	nāqiṣ (m)	ناقص
plus (m)	zā’id (m)	زائد
somme (f)	maʒmū‘ (m)	مجموع

premier (adj)	awwal	أوّل
deuxième (adj)	θāni	ثان
troisième (adj)	θāliθ	ثالث

zéro	ṣifr	صفر
un	wāḥid	واحد
deux	iθnān	إثنان
trois	θalāθa	ثلاثة
quatre	arba‘a	أربعة

cinq	χamsa	خمسة
six	sitta	ستّة
sept	sab‘a	سبعة
huit	θamāniya	ثمانية
neuf	tis‘a	تسعة
dix	‘aʃara	عشرة

onze	aḥad ‘aʃar	أحد عشر
douze	iθnā ‘aʃar	إثنا عشر
treize	θalāθat ‘aʃar	ثلاثة عشر
quatorze	arba‘at ‘aʃar	أربعة عشر
quinze	χamsat ‘aʃar	خمسة عشر

seize	sittat ‘aʃar	ستّة عشر
dix-sept	sab‘at ‘aʃar	سبعة عشر
dix-huit	θamāniyat ‘aʃar	ثمانية عشر

dix-neuf	tis'at 'aʃar	تسعة عشر
vingt	'iʃrūn	عشرون
trente	θalāθīn	ثلاثون
quarante	arba'ūn	أربعون
cinquante	χamsūn	خمسون

soixante	sittūn	ستّون
soixante-dix	sab'ūn	سبعون
quatre-vingts	θamānūn	ثمانون
quatre-vingt-dix	tis'ūn	تسعون
cent	mi'a	مائة
deux cents	mi'atān	مائتان
trois cents	θalāθumi'a	ثلاثمائة
quatre cents	rub'umi'a	أربعمائة
cinq cents	χamsumi'a	خمسمائة

six cents	sittumi'a	ستّمائة
sept cents	sab'umi'a	سبعمائة
huit cents	θamānimi'a	ثمانمائة
neuf cents	tis'umi'a	تسعمائة
mille	alf	ألف

dix mille	'aʃarat 'ālāf	عشرة آلاف
cent mille	mi'at alf	مائة ألف
million (m)	milyūn (m)	مليون
milliard (m)	milyār (m)	مليار

3. L'être humain. La famille

homme (m)	raʒul (m)	رجل
jeune homme (m)	ʃābb (m)	شابّ
adolescent (m)	murāhiq (m)	مراهق
femme (f)	imra'a (f)	إمرأة
jeune fille (f)	fatāt (f)	فتاة

âge (m)	'umr (m)	عمر
adulte (m)	bāliɣ (m)	بالغ
d'âge moyen (adj)	fi muntaṣaf al 'umr	في منتصف العمر
âgé (adj)	'aʒūz	عجوز
vieux (adj)	'aʒūz	عجوز

vieillard (m)	'aʒūz (m)	عجوز
vieille femme (f)	'aʒūza (f)	عجوزة
retraite (f)	ma'āʃ (m)	معاش
prendre sa retraite	uḥīl 'alal ma'āʃ	أحيل على المعاش
retraité (m)	mutaqā'id (m)	متقاعد

mère (f)	umm (f)	أُمّ
père (m)	ab (m)	أب
fils (m)	ibn (m)	إبن

fille (f)	ibna (f)	إبنة
frère (m)	aχ (m)	أخ
frère (m) aîné	al aχ al kabīr (m)	الأخ الكبير
frère (m) cadet	al aχ aṣ ṣaɣīr (m)	الأخ الصغير
sœur (f)	uχt (f)	أخت
sœur (f) aînée	al uχt al kabīra (f)	الأخت الكبيرة
sœur (f) cadette	al uχt aṣ ṣaɣīra (f)	الأخت الصغيرة

parents (m pl)	wālidān (du)	والدان
enfant (m, f)	ṭifl (m)	طفل
enfants (pl)	aṭfāl (pl)	أطفال
belle-mère (f)	zawʒat al ab (f)	زوجة الأب
beau-père (m)	zawʒ al umm (m)	زوج الأمّ

grand-mère (f)	ʒidda (f)	جدّة
grand-père (m)	ʒadd (m)	جدّ
petit-fils (m)	ḥafīd (m)	حفيد
petite-fille (f)	ḥafīda (f)	حفيدة
petits-enfants (pl)	aḥfād (pl)	أحفاد

oncle (m)	'amm (m), χāl (m)	عمّ، خال
tante (f)	'amma (f), χāla (f)	عمّة، خالة
neveu (m)	ibn al aχ (m), ibn al uχt (m)	إبن الأخ، إبن الأخت
nièce (f)	ibnat al aχ (f), ibnat al uχt (f)	إبنة الأخ، إبنة الأخت
femme (f)	zawʒa (f)	زوجة
mari (m)	zawʒ (m)	زوج
marié (adj)	mutazawwiʒ	متزوج
mariée (adj)	mutazawwiʒa	متزوجة
veuve (f)	armala (f)	أرملة
veuf (m)	armal (m)	أرمل

prénom (m)	ism (m)	إسم
nom (m) de famille	ism al 'ā'ila (m)	إسم العائلة

parent (m)	qarīb (m)	قريب
ami (m)	ṣadīq (m)	صديق
amitié (f)	ṣadāqa (f)	صداقة

partenaire (m)	rafīq (m)	رفيق
supérieur (m)	ra'īs (m)	رئيس
collègue (m, f)	zamīl (m)	زميل
voisins (m pl)	ʒirān (pl)	جيران

4. Le corps humain. L'anatomie

organisme (m)	ʒism (m)	جسم
corps (m)	ʒism (m)	جسم
cœur (m)	qalb (m)	قلب
sang (m)	dam (m)	دم
cerveau (m)	muχχ (m)	مخ

nerf (m)	'aṣab (m)	عصب
os (m)	'aẓm (m)	عظم
squelette (f)	haykal 'aẓmiy (m)	هيكل عظميّ
colonne (f) vertébrale	'amūd faqriy (m)	عمود فقري
côte (f)	ḍil' (m)	ضلع
crâne (m)	ʒumʒuma (f)	جمجمة
muscle (m)	'aḍala (f)	عضلة
poumons (m pl)	ri'atān (du)	رئتان
peau (f)	buʃra (m)	بشرة
tête (f)	ra's (m)	رأس
visage (m)	waʒh (m)	وجه
nez (m)	anf (m)	أنف
front (m)	ʒabha (f)	جبهة
joue (f)	χadd (m)	خدّ
bouche (f)	fam (m)	فم
langue (f)	lisān (m)	لسان
dent (f)	sinn (f)	سنّ
lèvres (f pl)	ʃifāh (pl)	شفاه
menton (m)	ðaqan (m)	ذقن
oreille (f)	uðun (f)	أذن
cou (m)	raqaba (f)	رقبة
gorge (f)	ḥalq (m)	حلق
œil (m)	'ayn (f)	عين
pupille (f)	ḥadaqa (f)	حدقة
sourcil (m)	ḥāʒib (m)	حاجب
cil (m)	rimʃ (m)	رمش
cheveux (m pl)	ʃa'r (m)	شعر
coiffure (f)	tasrīḥa (f)	تسريحة
moustache (f)	ʃawārib (pl)	شوارب
barbe (f)	liḥya (f)	لحية
porter (~ la barbe)	'indahu	عنده
chauve (adj)	aṣla'	أصلع
main (f)	yad (m)	يد
bras (m)	ðirā' (f)	ذراع
doigt (m)	iṣba' (m)	إصبع
ongle (m)	ẓufr (m)	ظفر
paume (f)	kaff (f)	كفّ
épaule (f)	katf (f)	كتف
jambe (f)	riʒl (f)	رجل
pied (m)	qadam (f)	قدم
genou (m)	rukba (f)	ركبة
talon (m)	'aqb (m)	عقب
dos (m)	ẓahr (m)	ظهر
taille (f) (~ de guêpe)	χaṣr (m)	خصر

| grain (m) de beauté | ʃāma (f) | شامة |
| tache (f) de vin | waḥma | وحمة |

5. Les maladies. Les médicaments

santé (f)	ṣiḥḥa (f)	صحّة
en bonne santé	salīm	سليم
maladie (f)	maraḍ (m)	مرض
être malade	maraḍ	مرض
malade (adj)	marīḍ	مريض

refroidissement (m)	bard (m)	برد
prendre froid	aṣābahu al bard	أصابه البرد
angine (f)	iltihāb al lawzatayn (m)	التهاب اللوزتين
pneumonie (f)	iltihāb ar ri'atayn (m)	إلتهاب الرئتين
grippe (f)	inflūnza (f)	إنفلونزا

rhume (m) (coryza)	zukām (m)	زكام
toux (f)	su'āl (m)	سعال
tousser (vi)	sa'al	سعل
éternuer (vi)	'aṭas	عطس

insulte (f)	sakta (f)	سكتة
crise (f) cardiaque	iḥtiʃā' (m)	إحتشاء
allergie (f)	ḥassāsiyya (f)	حسّاسيّة
asthme (m)	rabw (m)	ربو
diabète (m)	ad dā' as sukkariy (m)	الداء السكّريّ

tumeur (f)	waram (m)	ورم
cancer (m)	saraṭān (m)	سرطان
alcoolisme (m)	idmān al xamr (m)	إدمان الخمر
SIDA (m)	al aydz (m)	الايدز
fièvre (f)	ḥumma (f)	حمى
mal (m) de mer	duwār al baḥr (m)	دوار البحر

bleu (m)	kadma (f)	كدمة
bosse (f)	tawarrum (m)	تورّم
boiter (vi)	'araʒ	عرج
foulure (f)	xal' (m)	خلع
se démettre (l'épaule, etc.)	xala'	خلع

fracture (f)	kasr (m)	كسر
brûlure (f)	ḥarq (m)	حرق
blessure (f)	iṣāba (f)	إصابة
douleur (f)	alam (m)	ألم
mal (m) de dents	alam al asnān (m)	ألم الأسنان

suer (vi)	'ariq	عرق
sourd (adj)	aṭraʃ	أطرش
muet (adj)	axras	أخرس

immunité (f)	manāʿa (f)	مناعة
virus (m)	virūs (m)	فيروس
microbe (m)	mikrūb (m)	ميكروب
bactérie (f)	ʒurθūma (f)	جرثومة
infection (f)	ʿadwa (f)	عدوى
hôpital (m)	mustaʃfa (m)	مستشفى
cure (f) (faire une ~)	ʿilāʒ (m)	علاج
vacciner (vt)	laqqaḥ	لقّح
être dans le coma	kān fi ḥālat ɣaybūba	كان في حالة غيبوبة
réanimation (f)	al ʿināya al murakkaza (f)	العناية المركّزة
symptôme (m)	ʿaraḍ (m)	عرض
pouls (m)	nabḍ (m)	نبض

6. Les sensations. Les émotions. La communication

je	ana	أنا
tu (masc.)	anta	أنت
tu (fem.)	anti	أنت
il	huwa	هو
elle	hiya	هي
nous	naḥnu	نحن
vous	antum	أنتم
ils, elles	hum	هم
Bonjour! (form.)	as salāmu ʿalaykum!	السلام عليكم!
Bonjour! (le matin)	ṣabāḥ al xayr!	صباح الخير!
Bonjour! (après-midi)	nahārak saʿīd!	نهارك سعيد!
Bonsoir!	masāʾ al xayr!	مساء الخير!
dire bonjour	sallam	سلّم
saluer (vt)	sallam ʿala	سلّم على
Comment ça va?	kayfa ḥāluka?	كيف حالك؟
Au revoir!	maʿ as salāma!	مع السلامة!
Merci!	ʃukran!	شكرًا!
sentiments (m pl)	maʃāʿir (pl)	مشاعر
avoir faim	arād an yaʾkul	أراد أن يأكل
avoir soif	arād an yaʃrab	أراد أن يشرب
fatigué (adj)	taʿbān	تعبان
s'inquiéter (vp)	qalaq	قلق
s'énerver (vp)	qalaq	قلق
espoir (m)	amal (m)	أمل
espérer (vi)	tamanna	تمنّى
caractère (m)	ṭabʿ (m)	طبع
modeste (adj)	mutawāḍiʿ	متواضع
paresseux (adj)	kaslān	كسلان
généreux (adj)	karīm	كريم

doué (adj)	mawhūb	موهوب
honnête (adj)	amīn	أمين
sérieux (adj)	ӡādd	جادّ
timide (adj)	χaӡūl	خجول
sincère (adj)	muχliṣ	مخلص
peureux (m)	ӡabān (m)	جبان

dormir (vi)	nām	نام
rêve (m)	ḥulm (m)	حلم
lit (m)	sarīr (m)	سرير
oreiller (m)	wisāda (f)	وسادة

insomnie (f)	araq (m)	أرق
aller se coucher	ðahab ila n nawm	ذهب إلى النوم
cauchemar (m)	kābūs (m)	كابوس
réveil (m)	munabbih (m)	منبّه

sourire (m)	ibtisāma (f)	إبتسامة
sourire (vi)	ibtasam	إبتسم
rire (vi)	ḍaḥik	ضحك

dispute (f)	muʃāӡara (f)	مشاجرة
insulte (f)	ihāna (f)	إهانة
offense (f)	ḍaym (m)	ضيم
fâché (adj)	zaʿlān	زعلان

7. Les vêtements. Les accessoires personnels

vêtement (m)	malābis (pl)	ملابس
manteau (m)	miʿṭaf (m)	معطف
manteau (m) de fourrure	miʿṭaf farw (m)	معطف فرو
veste (f) (~ en cuir)	ӡākīt (m)	جاكيت
imperméable (m)	miʿṭaf lil maṭar (m)	معطف للمطر
chemise (f)	qamīṣ (m)	قميص
pantalon (m)	banṭalūn (m)	بنطلون
veston (m)	sutra (f)	سترة
complet (m)	badla (f)	بدلة

robe (f)	fustān (m)	فستان
jupe (f)	tannūra (f)	تنّورة
tee-shirt (m)	ti ʃirt (m)	تي شيرت
peignoir (m) de bain	θawb ḥammām (m)	ثوب حمّام
pyjama (m)	biӡāma (f)	بيجاما
tenue (f) de travail	θiyāb al ʿamal (m)	ثياب العمل

sous-vêtements (m pl)	malābis dāχiliyya (pl)	ملابس داخليّة
chaussettes (f pl)	ӡawārib (pl)	جوارب
soutien-gorge (m)	ḥammālat ṣadr (f)	حمّالة صدر
collants (m pl)	ӡawārib kulūn (pl)	جوارب كولون
bas (m pl)	ӡawārib nisāʾiyya (pl)	جوارب نسائية

maillot (m) de bain	libās sibāḥa (m)	لباس سباحة
chapeau (m)	qubbaʿa (f)	قبّعة
chaussures (f pl)	aḥḏiya (pl)	أحذية
bottes (f pl)	būt (m)	بوت
talon (m)	kaʿb (m)	كعب
lacet (m)	ʃarīṭ (m)	شريط
cirage (m)	warnīʃ al ḥiḏāʾ (m)	ورنيش الحذاء

coton (m)	quṭn (m)	قطن
laine (f)	ṣūf (m)	صوف
fourrure (f)	farw (m)	فرو

gants (m pl)	quffāz (m)	قفّاز
moufles (f pl)	quffāz muɣlaq (m)	قفّاز مغلق
écharpe (f)	ʔiʃārb (m)	إيشارب
lunettes (f pl)	nazzāra (f)	نظّارة
parapluie (m)	ʃamsiyya (f)	شمسيّة

cravate (f)	karavatta (f)	كرافتة
mouchoir (m)	mandīl (m)	منديل
peigne (m)	miʃṭ (m)	مشط
brosse (f) à cheveux	furʃat ʃaʿr (f)	فرشة شعر
boucle (f)	bukla (f)	بكلة
ceinture (f)	ḥizām (m)	حزام
sac (m) à main	ʃanṭat yad (f)	شنطة يد

col (m)	yāqa (f)	ياقة
poche (f)	ʒayb (m)	جيب
manche (f)	kumm (m)	كمّ
braguette (f)	lisān (m)	لسان

fermeture (f) à glissière	zimām munzaliq (m)	زمام منزلق
bouton (m)	zirr (m)	زرّ
se salir (vp)	tawassaχ	توسّخ
tache (f)	buqʿa (f)	بقعة

8. La ville. Les établissements publics

magasin (m)	maḥall (m)	محلّ
centre (m) commercial	markaz tiʒāriy (m)	مركز تجاريّ
supermarché (m)	subirmarkit (m)	سوبرماركت
magasin (m) de chaussures	maḥall aḥḏiya (m)	محلّ أحذية
librairie (f)	maḥall kutub (m)	محلّ كتب

pharmacie (f)	ṣaydaliyya (f)	صيدليّة
boulangerie (f)	maχbaz (m)	مخبز
pâtisserie (f)	dukkān ḥalawāniy (m)	دكّان حلوانيّ
épicerie (f)	baqqāla (f)	بقّالة
boucherie (f)	malḥama (f)	ملحمة
magasin (m) de légumes	dukkān χuḍār (m)	دكّان خضار

marché (m)	sūq (f)	سوق
salon (m) de coiffure	ṣālūn ḥilāqa (m)	صالون حلاقة
poste (f)	maktab al barīd (m)	مكتب البريد
pressing (m)	tanẓīf ʒāff (m)	تنظيف جافّ
cirque (m)	sirk (m)	سيرك
zoo (m)	ḥadīqat al ḥayawān (f)	حديقة حيوان
théâtre (m)	masraḥ (m)	مسرح
cinéma (m)	sinima (f)	سينما
musée (m)	matḥaf (m)	متحف
bibliothèque (f)	maktaba (f)	مكتبة
mosquée (f)	masʒid (m)	مسجد
synagogue (f)	kanīs maʿbad yahūdiy (m)	كنيس معبد يهوديّ
cathédrale (f)	katidrāʾiyya (f)	كاتدرائيّة
temple (m)	maʿbad (m)	معبد
église (f)	kanīsa (f)	كنيسة
institut (m)	kulliyya (m)	كلّيّة
université (f)	ʒāmiʿa (f)	جامعة
école (f)	madrasa (f)	مدرسة
hôtel (m)	funduq (m)	فندق
banque (f)	bank (m)	بنك
ambassade (f)	safāra (f)	سفارة
agence (f) de voyages	ʃarikat siyāḥa (f)	شركة سياحة
métro (m)	mitru (m)	مترو
hôpital (m)	mustaʃfa (m)	مستشفى
station-service (f)	maḥaṭṭat banzīn (f)	محطّة بنزين
parking (m)	mawqif as sayyārāt (m)	موقف السيّارات
ENTRÉE	duχūl	دخول
SORTIE	χurūʒ	خروج
POUSSER	idfaʿ	إدفع
TIRER	isḥab	إسحب
OUVERT	maftūḥ	مفتوح
FERMÉ	muχlaq	مغلق
monument (m)	timθāl (m)	تمثال
forteresse (f)	qalʿa (f), ḥiṣn (m)	قلعة، حصن
palais (m)	qaṣr (m)	قصر
médiéval (adj)	min al qurūn al wusṭa	من القرون الوسطى
ancien (adj)	qadīm	قديم
national (adj)	waṭaniy	وطنيّ
connu (adj)	maʃhūr	مشهور

9. L'argent. Les finances

argent (m)	nuqūd (pl)	نقود
monnaie (f)	qiṭʿa naqdiyya (f)	قطعة نقديّة

| dollar (m) | dulār (m) | دولار |
| euro (m) | yuru (m) | يورو |

distributeur (m)	ṣarrāf 'āliy (m)	صرّاف آليّ
bureau (m) de change	ṣarrāfa (f)	صرّافة
cours (m) de change	si'r aṣ ṣarf (m)	سعر الصرف
espèces (f pl)	nuqūd (pl)	نقود
Combien?	bikam?	بكم؟
payer (régler)	dafa'	دفع
paiement (m)	daf' (m)	دفع
monnaie (f) (rendre la ~)	al bāqi (m)	الباقي

prix (m)	si'r (m)	سعر
rabais (m)	χaṣm (m)	خصم
bon marché (adj)	raχīṣ	رخيص
cher (adj)	ɣāli	غال

banque (f)	bank (m)	بنك
compte (m)	ḥisāb (m)	حساب
carte (f) de crédit	biṭāqat i'timān (f)	بطاقة إئتمان
chèque (m)	ʃīk (m)	شيك
faire un chèque	katab ʃīk	كتب شيكًا
chéquier (m)	daftar ʃīkāt (m)	دفتر شيكات

dette (f)	dayn (m)	دين
débiteur (m)	mudīn (m)	مدين
prêter (vt)	sallaf	سلّف
emprunter (vt)	istalaf	إستلف

louer (une voiture, etc.)	ista'ʒar	إستأجر
à crédit (adv)	bid dayn	بالدين
portefeuille (m)	maḥfaẓat ʒīb (f)	محفظة جيب
coffre fort (m)	χizāna (f)	خزانة
héritage (m)	wirāθa (f)	وراثة
fortune (f)	θarwa (f)	ثروة

impôt (m)	ḍarība (f)	ضريبة
amende (f)	ɣarāma (f)	غرامة
mettre une amende	faraḍ ɣarāma	فرض غرامة

en gros (adj)	al ʒumla	الجملة
au détail (adj)	at taʒzi'a	التجزئة
assurer (vt)	amman	أمّن
assurance (f)	ta'mīn (m)	تأمين

capital (m)	ra's māl (m)	رأس مال
chiffre (m) d'affaires	dawrat ra's al māl (f)	دورة رأس المال
action (f)	sahm (m)	سهم
profit (m)	ribḥ (m)	ربح
profitable (adj)	murbiḥ	مربح
crise (f)	azma (f)	أزمة
faillite (f)	iflās (m)	إفلاس

faire faillite	aflas	أفلس
comptable (m)	muḥāsib (m)	محاسب
salaire (m)	murattab (m)	مرتّب
prime (f)	'ilāwa (f)	علاوة

10. Les transports

autobus (m)	bāṣ (m)	باص
tramway (m)	trām (m)	ترام
trolleybus (m)	truli bāṣ (m)	ترولي باص

prendre ...	rakib ...	...ركب
monter (dans l'autobus)	rakib	ركب
descendre de ...	nazil min	نزل من

arrêt (m)	mawqif (m)	موقف
terminus (m)	āχir maḥaṭṭa (f)	آخر محطّة
horaire (m)	ʒadwal (m)	جدول
ticket (m)	taðkira (f)	تذكرة
être en retard	ta'aχχar	تأخّر

taxi (m)	taksi (m)	تاكسي
en taxi	bit taksi	بالتاكسي
arrêt (m) de taxi	mawqif taksi (m)	موقف تاكسي

trafic (m)	ḥarakat al murūr (f)	حركة المرور
heures (f pl) de pointe	sā'at að ðurwa (f)	ساعة الذروة
se garer (vp)	awqaf	أوقف

métro (m)	mitru (m)	مترو
station (f)	maḥaṭṭa (f)	محطّة
train (m)	qiṭār (m)	قطار
gare (f)	maḥaṭṭat qiṭār (f)	محطّة قطار
rails (m pl)	quḍubān (pl)	قضبان
compartiment (m)	χurfa (f)	غرفة
couchette (f)	sarīr (m)	سرير

avion (m)	ṭā'ira (f)	طائرة
billet (m) d'avion	taðkirat ṭā'ira (f)	تذكرة طائرة
compagnie (f) aérienne	ʃarikat ṭayarān (f)	شركة طيران
aéroport (m)	maṭār (m)	مطار

vol (m) (~ d'oiseau)	ṭayarān (m)	طيران
bagage (m)	aʃ ʃunaṭ (pl)	الشنط
chariot (m)	'arabat ʃunaṭ (f)	عربة شنط

bateau (m)	safīna (f)	سفينة
bateau (m) de croisière	bāχira siyaḥiyya (f)	باخرة سياحيّة
yacht (m)	yaχt (m)	يخت
canot (m) à rames	markab (m)	مركب

capitaine (m)	qubṭān (m)	قبطان
cabine (f)	kabīna (f)	كابينة
port (m)	mīnā' (m)	ميناء

vélo (m)	darrāӡa (f)	دراجة
scooter (m)	skutir (m)	سكوتر
moto (f)	darrāӡa nāriyya (f)	دراجة نارية
pédale (f)	dawwāsa (f)	دواسة
pompe (f)	ṭulumba (f)	طلمبة
roue (f)	'aӡala (f)	عجلة

automobile (f)	sayyāra (f)	سيارة
ambulance (f)	is'āf (m)	إسعاف
camion (m)	ʃāḥina (f)	شاحنة
d'occasion (adj)	musta'mal	مستعمل
accident (m) de voiture	ḥādiθ sayyāra (f)	حادث سيارة
réparation (f)	iṣlāḥ (m)	إصلاح

11. Les produits alimentaires. Partie 1

viande (f)	laḥm (m)	لحم
poulet (m)	daӡāӡ (m)	دجاج
canard (m)	baṭṭa (f)	بطة

du porc	laḥm al xinzīr (m)	لحم الخنزير
du veau	laḥm il 'iӡl (m)	لحم العجل
du mouton	laḥm aḍ ḍa'n (m)	لحم الضأن
du bœuf	laḥm al baqar (m)	لحم البقر

saucisson (m)	suӡuq (m)	سجق
œuf (m)	bayḍa (f)	بيضة
poisson (m)	samak (m)	سمك
fromage (m)	ӡubna (f)	جبنة
sucre (m)	sukkar (m)	سكّر
sel (m)	milḥ (m)	ملح

riz (m)	urz (m)	أرز
pâtes (m pl)	makarūna (f)	مكرونة
beurre (m)	zubda (f)	زبدة
huile (f) végétale	zayt (m)	زيت
pain (m)	xubz (m)	خبز
chocolat (m)	ʃukulāta (f)	شكولاتة

vin (m)	nabīð (f)	نبيذ
café (m)	qahwa (f)	قهوة
lait (m)	ḥalīb (m)	حليب
jus (m)	'aṣīr (m)	عصير
bière (f)	bīra (f)	بيرة
thé (m)	ʃāy (m)	شاي
tomate (f)	ṭamāṭim (f)	طماطم

concombre (m)	χiyār (m)	خيار
carotte (f)	ʒazar (m)	جزر
pomme (f) de terre	baṭāṭis (f)	بطاطس
oignon (m)	baṣal (m)	بصل
ail (m)	θūm (m)	ثوم

chou (m)	kurumb (m)	كرنب
betterave (f)	banʒar (m)	بنجر
aubergine (f)	bātinʒān (m)	باذنجان
fenouil (m)	ʃabat (m)	شبت
laitue (f) (salade)	χass (m)	خسّ
maïs (m)	ðura (f)	ذرّة

fruit (m)	fākiha (f)	فاكهة
pomme (f)	tuffāḥa (f)	تفّاحة
poire (f)	kummaθra (f)	كمّثرى
citron (m)	laymūn (m)	ليمون
orange (f)	burtuqāl (m)	برتقال
fraise (f)	farawla (f)	فراولة

prune (f)	barqūq (m)	برقوق
framboise (f)	tūt al 'ullayq al aḥmar (m)	توت العلّيق الأحمر
ananas (m)	ananās (m)	أناناس
banane (f)	mawz (m)	موز
pastèque (f)	baṭṭīχ aḥmar (m)	بطّيخ أحمر
raisin (m)	'inab (m)	عنب
melon (m)	baṭṭīχ aṣfar (f)	بطّيخ أصفر

12. Les produits alimentaires. Partie 2

cuisine (f)	maṭbaχ (m)	مطبخ
recette (f)	waṣfa (f)	وصفة
nourriture (f)	akl (m)	أكل

prendre le petit déjeuner	aftar	أفطر
déjeuner (vi)	taɣadda	تغدّى
dîner (vi)	ta'aʃʃa	تعشّى

goût (m)	ṭa'm (m)	طعم
bon (savoureux)	laðīð	لذيذ
froid (adj)	bārid	بارد
chaud (adj)	sāχin	ساخن
sucré (adj)	musakkar	مسكّر
salé (adj)	māliḥ	مالح

sandwich (m)	sandawitʃ (m)	ساندويتش
garniture (f)	ṭabaq ʒānibiy (m)	طبق جانبيّ
garniture (f)	ḥaʃwa (f)	حشوة
sauce (f)	ṣalṣa (f)	صلصة
morceau (m)	qiṭ'a (f)	قطعة

régime (m)	ḥimya ɣaðā'iyya (f)	حمية غذائية
vitamine (f)	vitamīn (m)	فيتامين
calorie (f)	suʻra ḥarāriyya (f)	سعرة حرارية
végétarien (m)	nabātiy (m)	نباتيّ

restaurant (m)	maṭʻam (m)	مطعم
salon (m) de café	kafé (m), maqha (m)	كافيه, مقهى
appétit (m)	ʃahiyya (f)	شهيّة
Bon appétit!	hanī'an marī'an!	!هنيئًا مريئًا

serveur (m)	nādil (m)	نادل
serveuse (f)	nādila (f)	نادلة
barman (m)	bārman (m)	بارمان
carte (f)	qā'imat aṭ ṭaʻām (f)	قائمة طعام

cuillère (f)	milʻaqa (f)	ملعقة
couteau (m)	sikkīn (m)	سكّين
fourchette (f)	ʃawka (f)	شوكة
tasse (f)	finʒān (m)	فنجان

assiette (f)	ṭabaq (m)	طبق
soucoupe (f)	ṭabaq finʒān (m)	طبق فنجان
serviette (f)	mandīl (m)	منديل
cure-dent (m)	χallat asnān (f)	خلّة أسنان

commander (vt)	ṭalab	طلب
plat (m)	waʒba (f)	وجبة
portion (f)	waʒba (f)	وجبة
hors-d'œuvre (m)	muqabbilāt (pl)	مقبّلات
salade (f)	sulṭa (f)	سلطة
soupe (f)	ʃūrba (f)	شوربة

dessert (m)	ḥalawiyyāt (pl)	حلويّات
confiture (f)	murabba (m)	مربّى
glace (f)	muθallaʒāt (pl)	مثلّجات
addition (f)	ḥisāb (m)	حساب
régler l'addition	dafaʻ al ḥisāb	دفع الحساب
pourboire (m)	baqʃīʃ (m)	بقشيش

13. La maison. L'appartement. Partie 1

maison (f)	bayt (m)	بيت
maison (f) de campagne	bayt rīfiy (m)	بيت ريفيّ
villa (f)	villa (f)	فيلا

étage (m)	ṭābiq (m)	طابق
entrée (f)	madχal (m)	مدخل
mur (m)	ḥā'iṭ (m)	حائط
toit (m)	saqf (m)	سقف
cheminée (f)	madχana (f)	مدخنة

grenier (m)	'ullayya (f)	عليّة
fenêtre (f)	ʃubbāk (m)	شبّاك
rebord (m)	raff ʃubbāk (f)	رف شبّاك
balcon (m)	ʃurfa (f)	شرفة

escalier (m)	sullam (m)	سلّم
boîte (f) à lettres	ṣundūq al barīd (m)	صندوق البريد
poubelle (f) d'extérieur	ṣundūq az zubāla (m)	صندوق الزبالة
ascenseur (m)	miṣ'ad (m)	مصعد

électricité (f)	kahrabā' (m)	كهرباء
ampoule (f)	lamba (f)	لمبة
interrupteur (m)	miftāḥ (m)	مفتاح
prise (f)	barizat al kahrabā' (f)	بريزة الكهرباء
fusible (m)	fāṣima (f)	فاصمة

porte (f)	bāb (m)	باب
poignée (f)	qabḍat al bāb (f)	قبضة الباب
clé (f)	miftāḥ (m)	مفتاح
paillasson (m)	siʒāda (f)	سجّادة

serrure (f)	qifl al bāb (m)	قفل الباب
sonnette (f)	ʒaras (m)	جرس
coups (m pl) à la porte	ṭarq, daqq (m)	طرق، دقّ
frapper (~ à la porte)	daqq	دقّ
judas (m)	al 'ayn as siḥriyya (m)	العين السحريّة

cour (f)	finā' (m)	فناء
jardin (m)	ḥadīqa (f)	حديقة
piscine (f)	masbaḥ (m)	مسبح
salle (f) de gym	qā'at at tamrīnāt (f)	قاعة التمرينات
court (m) de tennis	mal'ab tinis (m)	ملعب تنس
garage (m)	qarāʒ (m)	جراج

propriété (f) privée	milkiyya χāṣṣa (f)	ملكيّة خاصّة
panneau d'avertissement	lāfitat taḥḏīr (f)	لافتة تحذير

sécurité (f)	ḥirāsa (f)	حراسة
agent (m) de sécurité	ḥāris amn (m)	حارس أمن

rénovation (f)	taʒdīdāt (m)	تجديدات
faire la rénovation	ʒaddad	جدّد
remettre en ordre	naẓẓam	نظّم

peindre (des murs)	dahan	دهن
papier (m) peint	waraq ḥī'ṭān (m)	ورق حيطان

vernir (vt)	ṭala bil warnīʃ	طلى بالورنيش
tuyau (m)	māsūra (f)	ماسورة
outils (m pl)	adawāt (pl)	أدوات
sous-sol (m)	sirdāb (m)	سرداب
égouts (m pl)	ʃabakit il maʒāry (f)	شبكة مياه المجاري

14. La maison. L'appartement. Partie 2

appartement (m)	ʃaqqa (f)	شقّة
chambre (f)	ɣurfa (f)	غرفة
chambre (f) à coucher	ɣurfat an nawm (f)	غرفة النوم
salle (f) à manger	ɣurfat il akl (f)	غرفة الأكل
salon (m)	ṣālat al istiqbāl (f)	صالة الإستقبال
bureau (m)	maktab (m)	مكتب
antichambre (f)	madχal (m)	مدخل
salle (f) de bains	ḥammām (m)	حمّام
toilettes (f pl)	ḥammām (m)	حمّام
plancher (m)	arḍ (f)	أرض
plafond (m)	saqf (m)	سقف
essuyer la poussière	masaḥ al ɣubār	مسح الغبار
aspirateur (m)	miknasa kahrabā'iyya (f)	مكنسة كهربائيّة
passer l'aspirateur	nazzaf bi miknasa kahrabā'iyya	نظف بمكنسة كهربائيّة
balai (m) à franges	mimsaḥa ṭawīla (f)	ممسحة طويلة
torchon (m)	mimsaḥa (f)	ممسحة
balayette (f) de sorgho	miqaʃʃa (f)	مقشّة
pelle (f) à ordures	ʒārūf (m)	جاروف
meubles (m pl)	aθāθ (m)	أثاث
table (f)	maktab (m)	مكتب
chaise (f)	kursiy (m)	كرسيّ
fauteuil (m)	kursiy (m)	كرسيّ
bibliothèque (f) (meuble)	χizānat kutub (f)	خزانة كتب
rayon (m)	raff (m)	رفّ
armoire (f)	dūlāb (m)	دولاب
miroir (m)	mir'āt (f)	مرآة
tapis (m)	siʒāda (f)	سجّادة
cheminée (f)	midfa'a ḥā'iṭiyya (f)	مدفأة حائطيّة
rideaux (m pl)	satā'ir (pl)	ستائر
lampe (f) de table	miṣbāḥ aṭ ṭāwila (m)	مصباح الطاولة
lustre (m)	naʒafa (f)	نجفة
cuisine (f)	maṭbaχ (m)	مطبخ
cuisinière (f) à gaz	butuɣāz (m)	بوتوغاز
cuisinière (f) électrique	furn kaharabā'iy (m)	فرن كهربائيّ
four (m) micro-ondes	furn al mikruwayv (m)	فرن الميكروويف
réfrigérateur (m)	θallāʒa (f)	ثلاجة
congélateur (m)	frīzir (m)	فريزير
lave-vaisselle (m)	ɣassāla (f)	غسّالة
robinet (m)	ḥanafiyya (f)	حنفيّة
hachoir (m) à viande	farrāmat laḥm (f)	فرّامة لحم

centrifugeuse (f)	'aṣṣāra (f)	عصّارة
grille-pain (m)	maḥmaṣat χubz (f)	محمصة خبز
batteur (m)	χallāṭ (m)	خلّاط

machine (f) à café	mākinat ṣan' al qahwa (f)	ماكينة صنع القهوة
bouilloire (f)	barrād (m)	برّاد
théière (f)	barrād aʃʃāy (m)	برّاد الشاي

téléviseur (m)	tilivizyūn (m)	تليفزيون
magnétoscope (m)	ʒihāz tasʒīl vidiyu (m)	جهاز تسجيل فيديو
fer (m) à repasser	makwāt (f)	مكواة
téléphone (m)	hātif (m)	هاتف

15. Les occupations. Le statut social

directeur (m)	mudīr (m)	مدير
supérieur (m)	ra'īs (m)	رئيس
président (m)	ra'īs (m)	رئيس
assistant (m)	musā'id (m)	مساعد
secrétaire (m, f)	sikirtīr (m)	سكرتير

propriétaire (m)	ṣāḥib (m)	صاحب
partenaire (m)	ʃarīk (m)	شريك
actionnaire (m)	musāhim (m)	مساهم

homme (m) d'affaires	raʒul a'māl (m)	رجل أعمال
millionnaire (m)	milyunīr (m)	مليونير
milliardaire (m)	milyardīr (m)	ملياردير

acteur (m)	mumaθθil (m)	ممثّل
architecte (m)	muhandis mi'māriy (m)	مهندس معماريّ
banquier (m)	ṣāḥib maṣraf (m)	صاحب مصرف
courtier (m)	simsār (m)	سمسار
vétérinaire (m)	ṭabīb bayṭariy (m)	طبيب بيطريّ
médecin (m)	ṭabīb (m)	طبيب
femme (f) de chambre	'āmilat tanẓīf yuraf (f)	عاملة تنظيف غرف
designer (m)	muṣammim (m)	مصمّم
correspondant (m)	murāsil (m)	مراسل
livreur (m)	sā'i (m)	ساع

électricien (m)	kahrabā'iy (m)	كهربائيّ
musicien (m)	'āzif (m)	عازف
baby-sitter (m, f)	murabbiyat aṭfāl (f)	مربّية الأطفال
coiffeur (m)	ḥallāq (m)	حلّاق
berger (m)	rā'i (m)	راع

chanteur (m)	muyanni (m)	مغنّ
traducteur (m)	mutarʒim (m)	مترجم
écrivain (m)	kātib (m)	كاتب
charpentier (m)	naʒʒār (m)	نجّار

cuisinier (m)	ṭabbāẖ (m)	طبّاخ
pompier (m)	raȝul iṭfā' (m)	رجل إطفاء
policier (m)	ʃurṭiy (m)	شرطي
facteur (m)	sāʻi al barīd (m)	ساعي البريد
programmeur (m)	mubarmiȝ (m)	مبرمج
vendeur (m)	bā'iʻ (m)	بائع

ouvrier (m)	ʻāmil (m)	عامل
jardinier (m)	bustāniy (m)	بستاني
plombier (m)	sabbāk (m)	سبّاك
stomatologue (m)	ṭabīb al asnān (m)	طبيب الأسنان
hôtesse (f) de l'air	muḍīfat ṭayarān (f)	مضيفة طيران

danseur (m)	rāqiṣ (m)	راقص
garde (m) du corps	ḥāris ʃaẖṣiy (m)	حارس شخصي
savant (m)	ʻālim (m)	عالم
professeur (m)	mudarris madrasa (m)	مدرس مدرسة

fermier (m)	muzāriʻ (m)	مزارع
chirurgien (m)	ȝarrāḥ (m)	جرّاح
mineur (m)	ʻāmil manȝam (m)	عامل منجم
cuisinier (m) en chef	ʃāf (m)	شاف
chauffeur (m)	sā'iq (m)	سائق

16. Le sport

type (m) de sport	nawʻ min ar riyāḍa (m)	نوع من الرياضة
football (m)	kurat al qadam (f)	كرة القدم
hockey (m)	huki (m)	هوكي
basket-ball (m)	kurat as salla (f)	كرة السلّة
base-ball (m)	kurat al qāʻida (f)	كرة القاعدة

volley-ball (m)	al kura aṭ ṭā'ira (m)	الكرة الطائرة
boxe (f)	mulākama (f)	ملاكمة
lutte (f)	muṣāraʻa (f)	مصارعة
tennis (m)	tinis (m)	تنس
natation (f)	sibāḥa (f)	سباحة

échecs (m pl)	ʃaṭranȝ (m)	شطرنج
course (f)	ȝary (m)	جري
athlétisme (m)	alʻāb al qiwa (pl)	ألعاب القوى
patinage (m) artistique	tazalluȝ fanniy ʻalal ȝalīd (m)	تزلّج فنّي على الجليد
cyclisme (m)	sibāq ad darrāȝāt (m)	سباق الدرّاجات

billard (m)	bilyārdu (m)	بليارد
bodybuilding (m)	kamāl aȝsām (m)	كمال أجسام
golf (m)	gūlf (m)	جولف
plongée (f)	al ɣawṣ taḥt al mā' (m)	الغوص تحت الماء
voile (f)	riyāḍa ibḥār al marākib (f)	رياضة إبحار المراكب

tir (m) à l'arc	rimāya (f)	رماية
mi-temps (f)	ʃawṭ (m)	شوط
mi-temps (f) (pause)	istirāḥa ma bayn aʃʃawṭayn (f)	إستراحة ما بين الشوطين
match (m) nul	ta'ādul (m)	تعادل
faire match nul	ta'ādal	تعادل
tapis (m) roulant	ʒihāz al maʃy (m)	جهاز المشي
joueur (m)	lā'ib (m)	لاعب
remplaçant (m)	lā'ib iḥtiyāṭiy (m)	لاعب إحتياطيّ
banc (m) des remplaçants	dikkat al iḥtiāṭy (f)	دكّة الإحتياطيّ
match (m)	mubārāt (f)	مباراة
but (m)	marma (m)	مرمى
gardien (m) de but	ḥāris al marma (m)	حارس المرمى
but (m)	hadaf (m)	هدف
Jeux (m pl) olympiques	al'āb ulumbiyya (pl)	ألعاب أولمبيّة
établir un record	fāz bi raqm qiyāsiy	فاز برقم قياسيّ
finale (f)	mubarāt nihā'iyya (f)	مباراة نهائيّة
champion (m)	baṭal (m)	بطل
championnat (m)	buṭūla (f)	بطولة
gagnant (m)	fā'iz (m)	فائز
victoire (f)	fawz (m)	فوز
gagner (vi)	fāz	فاز
perdre (vi)	χasir	خسر
médaille (f)	midāliyya (f)	ميداليّة
première place (f)	al martaba al ūla (f)	المرتبة الأولى
deuxième place (f)	al martaba aθ θāniya (f)	المرتبة الثانية
troisième place (f)	al martaba aθ θāliθa (f)	المرتبة الثالثة
stade (m)	mal'ab (m)	ملعب
supporteur (m)	muʃaʒʒi' (m)	مشجّع
entraîneur (m)	mudarrib (m)	مدرّب
entraînement (m)	tadrīb (m)	تدريب

17. Les langues étrangères. L'orthographe

langue (f)	luɣa (f)	لغة
étudier (vt)	daras	درس
prononciation (f)	nuṭq (m)	نطق
accent (m)	lukna (f)	لكنة
nom (m)	ism (m)	إسم
adjectif (m)	ṣifa (f)	صفة
verbe (m)	fi'l (m)	فعل
adverbe (m)	ẓarf (m)	ظرف
pronom (m)	ḍamīr (m)	ضمير

interjection (f)	ḥarf nidā' (m)	حرف نداء
préposition (f)	ḥarf al ӡarr (m)	حرف الجرّ
racine (f)	ӡiðr al kalima (m)	جذر الكلمة
terminaison (f)	nihāya (f)	نهاية
préfixe (m)	sābiqa (f)	سابقة
syllabe (f)	maqṭaʿ lafӡiy (m)	مقطع لفظيّ
suffixe (m)	lāḥiqa (f)	لاحقة
accent (m) tonique	nabra (f)	نبرة
point (m)	nuqṭa (f)	نقطة
virgule (f)	fāṣila (f)	فاصلة
deux-points (m)	nuqṭatān ra'siyyatān (du)	نقطتان رأسيتان
points (m pl) de suspension	θalāθ nuqaṭ (pl)	ثلاث نقط
question (f)	su'āl (m)	سؤال
point (m) d'interrogation	ʿalāmat istifhām (f)	علامة إستفهام
point (m) d'exclamation	'alāmat taʿaӡӡub (f)	علامة تعجّب
entre guillemets	bayn ʿalāmatay al iqtibās	بين علامتي الإقتباس
entre parenthèses	bayn al qawsayn	بين القوسين
lettre (f)	ḥarf (m)	حرف
majuscule (f)	ḥarf kabīr (m)	حرف كبير
proposition (f)	ӡumla (f)	جملة
groupe (m) de mots	maӡmūʿa min al kalimāt (pl)	مجموعة من الكلمات
expression (f)	'ibāra (f)	عبارة
sujet (m)	fāʿil (m)	فاعل
prédicat (m)	musnad (m)	مسند
ligne (f)	saṭr (m)	سطر
paragraphe (m)	fiqra (f)	فقرة
synonyme (m)	murādif (m)	مرادف
antonyme (m)	mutaḍādd luɣawiy (m)	متضادّ
exception (f)	istiθnā' (m)	إستثناء
souligner (vt)	waḍaʿ χaṭṭ taḥt	وضع خطّا تحت
règles (f pl)	qawāʿid (pl)	قواعد
grammaire (f)	an naḥw waṣ ṣarf (m)	النحو والصرف
vocabulaire (m)	mufradāt al luɣa (pl)	مفردات اللغة
phonétique (f)	ṣawtīyyāt (pl)	صوتيّات
alphabet (m)	alifbā' (m)	الفباء
manuel (m)	kitāb taʿlīm (m)	كتاب تعليم
dictionnaire (m)	qāmūs (m)	قاموس
guide (m) de conversation	kitāb lil 'ibārāt aʃʃā'iʿa (m)	كتاب للعبارت الشائعة
mot (m)	kalima (f)	كلمة
sens (m)	maʿna (m)	معنى
mémoire (f)	ðākira (f)	ذاكرة

18. La Terre. La géographie

Terre (f)	al arḍ (f)	الأرض
globe (m) terrestre	al kura al arḍiyya (f)	الكرة الأرضيّة
planète (f)	kawkab (m)	كوكب
géographie (f)	ʒuɣrāfiya (f)	جغرافيا
nature (f)	ṭabīʿa (f)	طبيعة
carte (f)	xarīṭa (f)	خريطة
atlas (m)	aṭlas (m)	أطلس
au nord	fiʃ ʃimāl	في الشمال
au sud	fil ʒanūb	في الجنوب
à l'occident	fil ɣarb	في الغرب
à l'orient	fiʃ ʃarq	في الشرق
mer (f)	baḥr (m)	بحر
océan (m)	muḥīṭ (m)	محيط
golfe (m)	xalīʒ (m)	خليج
détroit (m)	maḍīq (m)	مضيق
continent (m)	qārra (f)	قارّة
île (f)	ʒazīra (f)	جزيرة
presqu'île (f)	ʃibh ʒazīra (f)	شبه جزيرة
archipel (m)	maʒmūʿat ʒuzur (f)	مجموعة جزر
port (m)	mīnāʾ (m)	ميناء
récif (m) de corail	ʃiʿāb marʒāniyya (pl)	شعاب مرجانيّة
littoral (m)	sāḥil (m)	ساحل
côte (f)	sāḥil (m)	ساحل
marée (f) haute	madd (m)	مدّ
marée (f) basse	ʒazr (m)	جزر
latitude (f)	ʿarḍ (m)	عرض
longitude (f)	ṭūl (m)	طول
parallèle (f)	mutawāzi (m)	متواز
équateur (m)	xaṭṭ al istiwāʾ (m)	خط الإستواء
ciel (m)	samāʾ (f)	سماء
horizon (m)	ufuq (m)	أفق
atmosphère (f)	al ɣilāf al ʒawwiy (m)	الغلاف الجوّيّ
montagne (f)	ʒabal (m)	جبل
sommet (m)	qimma (f)	قمّة
rocher (m)	ʒurf (m)	جرف
colline (f)	tall (m)	تلّ
volcan (m)	burkān (m)	بركان
glacier (m)	nahr ʒalīdiy (m)	نهر جليديّ
chute (f) d'eau	ʃallāl (m)	شلّال

plaine (f)	sahl (m)	سهل
rivière (f), fleuve (m)	nahr (m)	نهر
source (f)	'ayn (m)	عين
rive (f)	diffa (f)	ضفة
en aval	f ittiȝāh maȝra an nahr	في إتجاه مجرى النهر
en amont	didd at tayyār	ضد التيار

lac (m)	buhayra (f)	بحيرة
barrage (m)	sadd (m)	سد
canal (m)	qanāt (f)	قناة
marais (m)	mustanqa' (m)	مستنقع
glace (f)	ȝalīd (m)	جليد

19. Les pays du monde. Partie 1

Europe (f)	urūbba (f)	أوروبّا
Union (f) européenne	al ittihād al urubbiy (m)	الإتّحاد الأوروبيّ
européen (m)	urūbbiy (m)	أوروبيّ
européen (adj)	urūbbiy	أوروبيّ

Autriche (f)	an nimsa (f)	النمسا
Grande-Bretagne (f)	britāniya al 'uȝma (f)	بريطانيا العظمى
Angleterre (f)	inȝiltirra (f)	إنجلترا
Belgique (f)	balȝīka (f)	بلجيكا
Allemagne (f)	almāniya (f)	ألمانيا

Pays-Bas (m)	hulanda (f)	هولندا
Hollande (f)	hulanda (f)	هولندا
Grèce (f)	al yūnān (f)	اليونان
Danemark (m)	ad danimārk (f)	الدانمارك
Irlande (f)	irlanda (f)	أيرلندا

Islande (f)	'āyslanda (f)	آيسلندا
Espagne (f)	isbāniya (f)	إسبانيا
Italie (f)	itāliya (f)	إيطاليا
Chypre (m)	qubrus (f)	قبرص
Malte (f)	malta (f)	مالطا

Norvège (f)	an nirwīȝ (f)	النرويج
Portugal (m)	al burtuȝāl (f)	البرتغال
Finlande (f)	finlanda (f)	فنلندا
France (f)	faransa (f)	فرنسا
Suède (f)	as suwayd (f)	السويد

Suisse (f)	swīsra (f)	سويسرا
Écosse (f)	iskutlanda (f)	اسكتلندا
Vatican (m)	al vatikān (f)	الفاتيكان
Liechtenstein (m)	liʃtinʃtāyn (m)	ليشتنشتاين
Luxembourg (m)	luksimburɣ (f)	لوكسمبورغ
Monaco (m)	munāku (f)	موناكو

Albanie (f)	albāniya (f)	ألبانيا
Bulgarie (f)	bulɣāriya (f)	بلغاريا
Hongrie (f)	al maʒar (f)	المجر
Lettonie (f)	lātviya (f)	لاتفيا

Lituanie (f)	litwāniya (f)	ليتوانيا
Pologne (f)	bulanda (f)	بولندا
Roumanie (f)	rumāniya (f)	رومانيا
Serbie (f)	ṣirbiya (f)	صربيا
Slovaquie (f)	sluvākiya (f)	سلوفاكيا

Croatie (f)	kruātiya (f)	كرواتيا
République (f) Tchèque	atʃ tʃīk (f)	التشيك
Estonie (f)	istūniya (f)	إستونيا
Bosnie (f)	al busna wal hirsuk (f)	البوسنة والهرسك
Macédoine (f)	maqdūniya (f)	مقدونيا

Slovénie (f)	sluvīniya (f)	سلوفينيا
Monténégro (m)	al ʒabal al aswad (m)	الجبل الأسود
Biélorussie (f)	bilarūs (f)	بيلاروس
Moldavie (f)	muldāviya (f)	مولدافيا
Russie (f)	rūsiya (f)	روسيا
Ukraine (f)	ukrāniya (f)	أوكرانيا

20. Les pays du monde. Partie 2

Asie (f)	'āsiya (f)	آسيا
Vietnam (m)	vitnām (f)	فيتنام
Inde (f)	al hind (f)	الهند
Israël (m)	isrā'īl (f)	إسرائيل
Chine (f)	aṣ ṣīn (f)	الصين

Liban (m)	lubnān (f)	لبنان
Mongolie (f)	manɣūliya (f)	منغوليا
Malaisie (f)	malīziya (f)	ماليزيا
Pakistan (m)	bakistān (f)	باكستان
Arabie (f) Saoudite	as sa'ūdiyya (f)	السعوديّة

Thaïlande (f)	taylānd (f)	تايلاند
Taïwan (m)	taywān (f)	تايوان
Turquie (f)	turkiya (f)	تركيا
Japon (m)	al yabān (f)	اليابان
Afghanistan (m)	afɣanistān (f)	أفغانستان

Bangladesh (m)	banʒladīʃ (f)	بنجلاديش
Indonésie (f)	indunīsiya (f)	إندونيسيا
Jordanie (f)	al urdun (m)	الأردن
Iraq (m)	al 'irāq (m)	العراق
Iran (m)	'īrān (f)	إيران
Cambodge (m)	kambūdya (f)	كمبوديا

Koweït (m)	al kuwayt (f)	الكويت
Laos (m)	lawus (f)	لاوس
Myanmar (m)	myanmār (f)	ميانمار
Népal (m)	nibāl (f)	نيبال

Fédération (f) des Émirats Arabes Unis	al imārāt al 'arabiyya al muttahida (pl)	الإمارات العربية المتّحدة
Syrie (f)	sūriya (f)	سوريا
Palestine (f)	filisṭīn (f)	فلسطين
Corée (f) du Sud	kuriya al ʒanūbiyya (f)	كوريا الجنوبيّة
Corée (f) du Nord	kūria aʃ ʃimāliyya (f)	كوريا الشماليّة

Les États Unis	al wilāyāt al muttahida al amrīkiyya (pl)	الولايات المتّحدة الأمريكيّة
Canada (m)	kanada (f)	كندا
Mexique (m)	al maksīk (f)	المكسيك
Argentine (f)	arʒantīn (f)	الأرجنتين
Brésil (m)	al brazīl (f)	البرازيل

Colombie (f)	kulumbiya (f)	كولومبيا
Cuba (f)	kūba (f)	كوبا
Chili (m)	tʃīli (f)	تشيلي
Venezuela (f)	vinizwiyla (f)	فنزويلا
Équateur (m)	al iqwadūr (f)	الإكوادور

Bahamas (f pl)	ʒuzur bahāmas (pl)	جزر باهاماس
Panamá (m)	banama (f)	بنما
Égypte (f)	miṣr (f)	مصر
Maroc (m)	al maɣrib (m)	المغرب
Tunisie (f)	tūnis (f)	تونس

Kenya (m)	kiniya (f)	كينيا
Libye (f)	lībiya (f)	ليبيا
République (f) Sud-africaine	ʒumhūriyyat afrīqiya al ʒanūbiyya (f)	جمهريّة أفريقيا الجنوبيّة
Australie (f)	usturāliya (f)	أستراليا
Nouvelle Zélande (f)	nyu zilanda (f)	نيوزيلندا

21. Le temps. Les catastrophes naturelles

temps (m)	ṭaqs (m)	طقس
météo (f)	naʃra ʒawwiyya (f)	نشرة جوّية
température (f)	harāra (f)	حرارة
thermomètre (m)	tirmūmitr (m)	ترمومتر
baromètre (m)	barūmitr (m)	بارومتر

soleil (m)	ʃams (f)	شمس
briller (soleil)	aḍā'	أضاء
ensoleillé (jour ~)	muʃmis	مشمس
se lever (vp)	ʃaraq	شرق

se coucher (vp)	ɣarab	غرب
pluie (f)	maṭar (m)	مطر
il pleut	innaha tamṭur	إنّها تمطر
pluie (f) torrentielle	maṭar munhamir (f)	مطر منهمر
nuée (f)	saḥābat maṭar (f)	سحابة مطر
flaque (f)	birka (f)	بركة
se faire mouiller	ibtall	إبتلّ

orage (m)	'āṣifa ra'diyya (f)	عاصفة رعديّة
éclair (m)	barq (m)	برق
éclater (foudre)	baraq	برق
tonnerre (m)	ra'd (m)	رعد
le tonnerre gronde	tar'ad as samā'	ترعد السماء
grêle (f)	maṭar bard (m)	مطر برد
il grêle	tamṭur as samā' bardan	تمطر السماء بردًا

chaleur (f) (canicule)	ḥarāra (f)	حرارة
il fait très chaud	al ʒaww ḥārr	الجوّ حارّ
il fait chaud	al ʒaww dāfi'	الجوّ دافئ
il fait froid	al ʒaww bārid	الجوّ بارد

brouillard (m)	ḍabāb (m)	ضباب
brumeux (adj)	muḍabbab	مضبّب
nuage (m)	saḥāba (f)	سحابة

| nuageux (adj) | ɣā'im | غائم |
| humidité (f) | ruṭūba (f) | رطوبة |

neige (f)	θalʒ (m)	ثلج
il neige	innaha taθluʒ	إنّها تثلج
gel (m)	ṣaqī' (m)	صقيع

| au-dessous de zéro | taḥt aṣ ṣifr | تحت الصفر |
| givre (m) | ṣaqī' (m) | صقيع |

intempéries (f pl)	ṭaqs sayyi' (m)	طقس سيّء
catastrophe (f)	kāriθa (f)	كارثة
inondation (f)	fayaḍān (m)	فيضان

| avalanche (f) | inhiyār θalʒiy (m) | إنهيار ثلجيّ |
| tremblement (m) de terre | zilzāl (m) | زلزال |

| secousse (f) | hazza arḍiyya (f) | هزّة أرضيّة |
| épicentre (m) | markaz az zilzāl (m) | مركز الزلزال |

| éruption (f) | θawrān (m) | ثوران |
| lave (f) | ḥumam burkāniyya (pl) | حمم بركانيّة |

tourbillon (m), tornade (f)	i'ṣār (m)	إعصار
ouragan (m)	i'ṣār (m)	إعصار
tsunami (m)	tsunāmi (m)	تسونامي
cyclone (m)	i'ṣār (m)	إعصار

22. Les animaux. Partie 1

animal (m)	ḥayawān (m)	حيوان
prédateur (m)	ḥayawān muftaris (m)	حيوان مفترس
tigre (m)	namir (m)	نمر
lion (m)	asad (m)	أسد
loup (m)	ði'b (m)	ذئب
renard (m)	θa'lab (m)	ثعلب
jaguar (m)	namir amrīkiy (m)	نمر أمريكيّ
lynx (m)	waʃaq (m)	وشق
coyote (m)	qayūṭ (m)	قيوط
chacal (m)	ibn 'āwa (m)	ابن آوى
hyène (f)	ḍabu' (m)	ضبع
écureuil (m)	sinʒāb (m)	سنجاب
hérisson (m)	qumfuð (m)	قنفذ
lapin (m)	arnab (m)	أرنب
raton (m)	rākūn (m)	راكون
hamster (m)	qidād (m)	قداد
taupe (f)	χuld (m)	خلد
souris (f)	fa'r (m)	فأر
rat (m)	ʒurað (m)	جرذ
chauve-souris (f)	χuffāʃ (m)	خفاش
castor (m)	qundus (m)	قندس
cheval (m)	ḥiṣān (m)	حصان
cerf (m)	ayyil (m)	أيّل
chameau (m)	ʒamal (m)	جمل
zèbre (m)	ḥimār zarad (m)	حمار زرد
baleine (f)	ḥūt (m)	حوت
phoque (m)	fuqma (f)	فقمة
morse (m)	faẓẓ (m)	فظّ
dauphin (m)	dilfīn (m)	دلفين
ours (m)	dubb (m)	دبّ
singe (m)	qird (m)	قرد
éléphant (m)	fīl (m)	فيل
rhinocéros (m)	χartīt (m)	خرتيت
girafe (f)	zarāfa (f)	زرافة
hippopotame (m)	faras an nahr (m)	فرس النهر
kangourou (m)	kanɣar (m)	كنغر
chat (m) (femelle)	qiṭṭa (f)	قطّة
chien (m)	kalb (m)	كلب
vache (f)	baqara (f)	بقرة
taureau (m)	θawr (m)	ثور

brebis (f)	χarūf (f)	خروف
chèvre (f)	mā'iz (m)	ماعز
âne (m)	ḥimār (m)	حمار
cochon (m)	χinzīr (m)	خنزير
poule (f)	daʒāʒa (f)	دجاجة
coq (m)	dīk (m)	ديك
canard (m)	baṭṭa (f)	بطة
oie (f)	iwazza (f)	إوزّة
dinde (f)	daʒāʒ rūmiy (m)	دجاج رومي
berger (m)	kalb ra'y (m)	كلب رعي

23. Les animaux. Partie 2

oiseau (m)	ṭā'ir (m)	طائر
pigeon (m)	ḥamāma (f)	حمامة
moineau (m)	'uṣfūr (m)	عصفور
mésange (f)	qurquf (m)	قرقف
pie (f)	'aq'aq (m)	عقعق
aigle (m)	nasr (m)	نسر
épervier (m)	bāz (m)	باز
faucon (m)	ṣaqr (m)	صقر
cygne (m)	timma (m)	تمّة
grue (f)	kurkiy (m)	كركي
cigogne (f)	laqlaq (m)	لقلق
perroquet (m)	babaγā' (m)	ببغاء
paon (m)	ṭāwūs (m)	طاووس
autruche (f)	na'āma (f)	نعامة
héron (m)	balaʃūn (m)	بلشون
rossignol (m)	bulbul (m)	بلبل
hirondelle (f)	sunūnū (m)	سنونو
pivert (m)	naqqār al χaʃab (m)	نقّار الخشب
coucou (m)	waqwāq (m)	وقواق
chouette (f)	būma (f)	بومة
pingouin (m)	biṭrīq (m)	بطريق
thon (m)	tūna (f)	تونة
truite (f)	salmūn muraqqaṭ (m)	سلمون مرقّط
anguille (f)	ḥankalīs (m)	حنكليس
requin (m)	qirʃ (m)	قرش
crabe (m)	salṭa'ūn (m)	سلطعون
méduse (f)	qindīl al baḥr (m)	قنديل البحر
pieuvre (f), poulpe (m)	uχṭubūṭ (m)	أخطبوط
étoile (f) de mer	naʒmat al baḥr (f)	نجمة البحر
oursin (m)	qumfuð al baḥr (m)	قنفذ البحر

hippocampe (m)	ḥiṣān al baḥr (m)	فرس البحر
crevette (f)	ȝambari (m)	جمبريَ
serpent (m)	θu'bān (m)	ثعبان
vipère (f)	af'a (f)	أفعى
lézard (m)	siḥliyya (f)	سحلية
iguane (m)	iȝwāna (f)	إغوانة
caméléon (m)	ḥirbā' (f)	حرباء
scorpion (m)	'aqrab (m)	عقرب
tortue (f)	sulaḥfāt (f)	سلمفاة
grenouille (f)	ḍifḍa' (m)	ضفدع
crocodile (m)	timsāḥ (m)	تمساح
insecte (m)	ḥaʃara (f)	حشرة
papillon (m)	farāʃa (f)	فراشة
fourmi (f)	namla (f)	نملة
mouche (f)	ðubāba (f)	ذبابة
moustique (m)	namūsa (f)	ناموسة
scarabée (m)	χunfusa (f)	خنفسة
abeille (f)	naḥla (f)	نحلة
araignée (f)	'ankabūt (m)	عنكبوت
coccinelle (f)	da'sūqa (f)	دعسوقة

24. La flore. Les arbres

arbre (m)	ʃaȝara (f)	شجرة
bouleau (m)	batūla (f)	بتولا
chêne (m)	ballūṭ (f)	بلُوط
tilleul (m)	ʃaȝarat zayzafūn (f)	شجرة زيزفون
tremble (m)	ḥawr raȝrāȝ (m)	حور رجراج
érable (m)	qayqab (f)	قيقب
épicéa (m)	ratinaȝ (f)	راتينج
pin (m)	ṣanawbar (f)	صنوبر
cèdre (m)	arz (f)	أرز
peuplier (m)	ḥawr (f)	حور
sorbier (m)	ɣubayrā' (f)	غبيراء
hêtre (m)	zān (m)	زان
orme (m)	dardār (f)	دردار
frêne (m)	marān (f)	مران
marronnier (m)	kastanā' (f)	كستناء
palmier (m)	naχla (f)	نخلة
buisson (m)	ʃuȝayra (f)	شجيرة
champignon (m)	fuṭr (f)	فطر
champignon (m) vénéneux	fuṭr sāmm (m)	فطر سامَ
cèpe (m)	fuṭr bulīṭ ma'kūl (m)	فطر بوليط مأكول

russule (f)	fuṭr russūla (m)	فطر روسّولا
amanite (f) tue-mouches	fuṭr amānīt aṭ ṭā'ir as sāmm (m)	فطر أمانيت الطائر السامّ
oronge (f) verte	fuṭr amānīt falusyāniy as sāmm (m)	فطر أمانيت فالوسياني السامّ

fleur (f)	zahra (f)	زهرة
bouquet (m)	bāqat zuhūr (f)	باقة زهور
rose (f)	warda (f)	وردة
tulipe (f)	tulīb (f)	توليب
oeillet (m)	qurumful (m)	قرنفل

marguerite (f)	babunʒ (m)	بابونج
cactus (m)	ṣabbār (m)	صبّار
muguet (m)	sawsan al wādi (m)	سوسن الوادي
perce-neige (f)	zahrat al laban (f)	زهرة اللبن
nénuphar (m)	nilūfar (m)	نيلوفر

serre (f) tropicale	dafī'a (f)	دفيئة
gazon (m)	'uʃb (m)	عشب
parterre (m) de fleurs	ʒunaynat zuhūr (f)	جنينة زهور

plante (f)	nabāt (m)	نبات
herbe (f)	'uʃb (m)	عشب
feuille (f)	waraqa (f)	ورقة
pétale (m)	waraqat az zahra (f)	ورقة الزهرة
tige (f)	sāq (f)	ساق
pousse (f)	nabta saɣīra (f)	نبتة صغيرة

céréales (f pl) (plantes)	maḥāṣīl al ḥubūb (pl)	محاصيل الحبوب
blé (m)	qamḥ (m)	قمح
seigle (m)	ʒāwdār (m)	جاودار
avoine (f)	ʃūfān (m)	شوفان

millet (m)	duxn (m)	دخن
orge (f)	ʃa'īr (m)	شعير
maïs (m)	ðura (f)	ذرّة
riz (m)	urz (m)	أرز

25. Les mots souvent utilisés

aide (f)	musā'ada (f)	مساعدة
arrêt (m) (pause)	istirāḥa (f)	إستراحة
balance (f)	tawāzun (m)	توازن
base (f)	asās (m)	أساس
catégorie (f)	fi'a (f)	فئة

choix (m)	ixtiyār (m)	إختيار
coïncidence (f)	ṣudfa (f)	صدفة
comparaison (f)	muqārana (f)	مقارنة

début (m)	bidāya (f)	بداية
degré (m) (~ de liberté)	daraʒa (f)	درجة
développement (m)	tanmiya (f)	تنمية
différence (f)	farq (m)	فرق
effet (m)	ta'θīr (m)	تأثير
effort (m)	ʒuhd (m)	جهد
élément (m)	'unṣur (m)	عنصر
exemple (m)	miθāl (m)	مثال
fait (m)	ḥaqīqa (f)	حقيقة
faute, erreur (f)	xaṭa' (m)	خطأ
forme (f)	ʃakl (m)	شكل
idéal (m)	miθāl (m)	مثال
mode (m) (méthode)	ṭarīqa (f)	طريقة
moment (m)	laḥẓa (f)	لحظة
obstacle (m)	'aqba (f)	عقبة
part (f)	ʒuz' (m)	جزء
pause (f)	istirāḥa (f)	إستراحة
position (f)	mawqif (m)	موقف
problème (m)	muʃkila (f)	مشكلة
processus (m)	'amaliyya (f)	عمليّة
progrès (m)	taqaddum (m)	تقدّم
propriété (f) (qualité)	xaṣṣa (f)	خاصّة
réaction (f)	radd fi'l (m)	ردّ فعل
risque (m)	muxāṭara (f)	مخاطرة
secret (m)	sirr (m)	سرّ
série (f)	silsila (f)	سلسلة
situation (f)	ḥāla (f), waḍ' (m)	حالة, وضع
solution (f)	ḥall (m)	حلّ
standard (adj)	qiyāsiy	قياسيّ
style (m)	uslūb (m)	أسلوب
système (m)	niẓām (m)	نظام
tableau (m) (grille)	ʒadwal (m)	جدول
tempo (m)	sur'a (f)	سرعة
terme (m)	muṣṭalaḥ (m)	مصطلح
tour (m) (attends ton ~)	dawr (m)	دور
type (m) (~ de sport)	naw' (m)	نوع
urgent (adj)	'āʒil	عاجل
utilité (f)	manfa'a (f)	منفعة
vérité (f)	ḥaqīqa (f)	حقيقة
version (f)	ʃakl muxtalif (m)	شكل مختلف
zone (f)	mintaqa (f)	منطقة

26. Les adjectifs. Partie 1

aigre (fruits ~s)	ḥāmiḍ	حامض
amer (adj)	murr	مرّ
ancien (adj)	qadīm	قديم
artificiel (adj)	ṣinā'iy	صناعيّ
aveugle (adj)	a'ma	أعمى
bas (voix ~se)	munχafiḍ	منخفض
beau (homme)	ʒamīl	جميل
bien affilé (adj)	ḥādd	حادّ
bon (savoureux)	laðīð	لذيذ
bronzé (adj)	asmar	أسمر
central (adj)	markaziy	مركزيّ
clandestin (adj)	sirriy	سرّيّ
compatible (adj)	mutawāfiq	متوافق
content (adj)	rāḍi	راض
continu (usage ~)	mumtadd	ممتدّ
court (de taille)	qaṣīr	قصير
cru (non cuit)	nayy	نيّ
dangereux (adj)	χaṭīr	خطير
d'enfant (adj)	lil aṭfāl	للأطفال
dense (brouillard ~)	kaθīf	كثيف
dernier (final)	'āχir	آخر
difficile (décision)	ṣa'b	صعب
d'occasion (adj)	musta'mal	مستعمل
douce (l'eau ~)	'aðb	عذب
droit (pas courbe)	mustaqīm	مستقيم
droit (situé à droite)	al yamīn	اليمين
dur (pas mou)	ʒāmid	جامد
étroit (passage, etc.)	ḍayyiq	ضيق
excellent (adj)	mumtāz	ممتاز
excessif (adj)	mufriṭ	مفرط
extérieur (adj)	χāriʒiy	خارجيّ
facile (adj)	sahl	سهل
fertile (le sol ~)	χaṣib	خصب
fort (homme ~)	qawiy	قويّ
fort (voix ~e)	'āli	عال
fragile (vaisselle, etc.)	haʃʃ	هشّ
gauche (adj)	al yasār	اليسار
géant (adj)	ḍaχm	ضخم
grand (dimension)	kabīr	كبير
gratuit (adj)	maʒʒāniy	مجّانيّ
heureux (adj)	sa'īd	سعيد
immobile (adj)	θābit	ثابت

important (adj)	muhimm	مهمّ
intelligent (adj)	ðakiy	ذكيّ
intérieur (adj)	dāxiliy	داخليّ

légal (adj)	qānūniy, ʃarʿiy	قانونيّ، شرعيّ
léger (pas lourd)	xafīf	خفيف
liquide (adj)	sā'il	سائل
lisse (adj)	amlas	أملس
long (~ chemin)	ṭawīl	طويل

27. Les adjectifs. Partie 2

malade (adj)	marīḍ	مريض
mat (couleur)	munṭafi'	منطفئ
mauvais (adj)	sayyi'	سيئ
mort (adj)	mayyit	ميت
mou (souple)	ṭariy	طريّ

mûr (fruit ~)	nāḍiʒ	ناضج
mystérieux (adj)	ɣarīb	غريب
natal (ville, pays)	aṣliy	أصليّ
négatif (adj)	salbiy	سلبيّ
neuf (adj)	ʒadīd	جديد
normal (adj)	'ādiy	عاديّ

obligatoire (adj)	ḍarūriy	ضروريّ
opposé (adj)	muqābil	مقابل
ordinaire (adj)	'ādiy	عاديّ
original (peu commun)	aṣliy	أصليّ
ouvert (adj)	maftūḥ	مفتوح

parfait (adj)	mumtāz	ممتاز
pas clair (adj)	ɣayr wāḍiḥ	غير واضح
pas difficile (adj)	ɣayr ṣa'b	غير صعب
passé (le mois ~)	māḍi	ماض
pauvre (adj)	faqīr	فقير

personnel (adj)	ʃaxṣiy	شخصيّ
petit (adj)	ṣaɣīr	صغير
peu profond (adj)	ḍaḥl	ضحل
plein (rempli)	malyān	مليان
poli (adj)	mu'addab	مؤدّب
possible (adj)	mumkin	ممكن

précis, exact (adj)	daqīq	دقيق
principal (adj)	ra'īsi	رئيسيّ
principal (idée ~e)	asāsiy	أساسيّ
probable (adj)	muḥtamal	محتمل
propre (chemise ~)	naẓīf	نظيف
public (adj)	'āmm	عامّ

rapide (adj)	sarīʿ	سريع
rare (adj)	nādir	نادر
risqué (adj)	χaṭir	خطر
sale (pas propre)	wasiχ	وسخ
similaire (adj)	ʃabīh	شبيه

solide (bâtiment, etc.)	matīn	متين
spacieux (adj)	wāsiʿ	واسع
spécial (adj)	χāṣṣ	خاص
stupide (adj)	yabiy	غبي
sucré (adj)	musakkar	مسكّر
suivant (vol ~)	muqbil	مقبل

supplémentaire (adj)	iḍāfiy	إضافيّ
surgelé (produits ~s)	muʒammad	مجمّد
triste (regard ~)	ḥazīn	حزين
vide (bouteille, etc.)	χāli	خال
vieux (bâtiment, etc.)	qadīm	قديم

28. Les verbes les plus utilisés. Partie 1

accuser (vt)	ittaham	إتّهم
acheter (vt)	iʃtara	إشترى
aider (vt)	sāʿad	ساعد
aimer (qn)	ahabb	أحبّ
aller (à pied)	maʃa	مشى
allumer (vt)	fataḥ, ʃayyal	فتح, شغّل

annoncer (vt)	aʿlan	أعلن
annuler (vt)	alya	ألغى
appartenir à ...	χaṣṣ	خصّ
attendre (vt)	intazar	إنتظر
attraper (vt)	amsak	أمسك
autoriser (vt)	samaḥ	سمح

avoir (vt)	malak	ملك
avoir confiance	waθiq	وثق
avoir peur	χāf	خاف
battre (frapper)	ḍarab	ضرب

boire (vt)	ʃarib	شرب
cacher (vt)	χabaʼ	خبّأ
casser (briser)	kasar	كسر
cesser (vt)	tawaqqaf	توقّف
changer (vt)	yayyar	غيّر
chanter (vi)	yanna	غنّى

chasser (animaux)	iṣṭād	إصطاد
choisir (vt)	iχtār	إختار
commencer (vt)	badaʼ	بدأ

comparer (vt)	qāran	قارن
comprendre (vt)	fahim	فهم
compter (dénombrer)	ʿadd	عدّ
compter sur ...	iʿtamad ʿala ...	...إعتمد على
confirmer (vt)	aθbat	أثبت
connaître (qn)	ʿaraf	عرف
construire (vt)	bana	بنى
copier (vt)	nasaχ	نسخ
courir (vi)	ʒara	جرى
coûter (vt)	kallaf	كلّف
créer (vt)	χalaq	خلق
creuser (vt)	ḥafar	حفر
crier (vi)	ṣaraχ	صرخ
croire (en Dieu)	ʾāman	آمن
danser (vi, vt)	raqaṣ	رقص
décider (vt)	qarrar	قرّر
déjeuner (vi)	taɣadda	تغدّى
demander (~ l'heure)	saʾal	سأل
dépendre de ...	taʿallaq bi ...	...تعلّق بـ
déranger (vt)	azʿaʒ	أزعج
dîner (vi)	taʿaʃʃa	تعشّى
dire (vt)	qāl	قال
discuter (vt)	nāqaʃ	ناقش
disparaître (vi)	iχtafa	إختفى
divorcer (vi)	ṭallaq	طلّق
donner (vt)	aʿṭa	أعطى
douter (vt)	ʃakk fi	شكّ في

29. Les verbes les plus utilisés. Partie 2

écrire (vt)	katab	كتب
entendre (bruit, etc.)	samiʿ	سمع
envoyer (vt)	arsal	أرسل
espérer (vi)	tamanna	تمنى
essayer (de faire qch)	ḥāwal	حاول
éteindre (vt)	ṭaffa	طفى
être absent	ɣāb	غاب
être d'accord	ittafaq	إتّفق
être fatigué	taʿib	تعب
être pressé	istaʿʒal	إستعجل
étudier (vt)	daras	درس
excuser (vt)	ʿaðar	عذر
exiger (vt)	ṭālib	طالب
exister (vi)	kān mawʒūd	كان موجودًا

expliquer (vt)	ʃaraḥ	شرح
faire (vt)	'amal	عمل
faire le ménage	rattab	رتّب
faire tomber	awqa'	أوقع
féliciter (vt)	hanna'	هنّأ
fermer (vt)	aɣlaq	أغلق
finir (vt)	atamm	أتمّ
garder (conserver)	ḥafaẓ	حفظ
haïr (vt)	karah	كره
insister (vi)	aṣarr	أصرّ
insulter (vt)	ahān	أهان
interdire (vt)	mana'	منع
inviter (vt)	da'a	دعا
jouer (s'amuser)	la'ib	لعب
lire (vi, vt)	qara'	قرأ
louer (prendre en location)	ista'ʒar	إستأجر
manger (vi, vt)	akal	أكل
manquer (l'école)	ɣāb	غاب
mépriser (vt)	iḥtaqar	إحتقر
montrer (vt)	'araḍ	عرض
mourir (vi)	māt	مات
nager (vi)	sabaḥ	سبح
naître (vi)	wulid	وُلد
nier (vt)	ankar	أنكر
obéir (vt)	ṭā'	طاع
oublier (vt)	nasiy	نسي
ouvrir (vt)	fataḥ	فتح

30. Les verbes les plus utilisés. Partie 3

pardonner (vt)	'afa	عفا
parler (vi, vt)	takallam	تكلّم
parler avec ...	takallam ma'a ...	...تكلّم مع
participer à ...	iʃtarak	إشترك
payer (régler)	dafa'	دفع
penser (vi, vt)	ẓann	ظنّ
perdre (les clefs, etc.)	faqad	فقد
plaire (être apprécié)	a'ʒab	أعجب
plaisanter (vi)	mazaḥ	مزح
pleurer (vi)	baka	بكى
plonger (vi)	ɣāṣ	غاص
pouvoir (v aux)	istaṭā'	إستطاع
pouvoir (v aux)	istaṭā'	إستطاع
prendre (vt)	axaδ	أخذ

prendre le petit déjeuner	afṭar	أفطر
préparer (le dîner)	ḥaḍḍar	حضّر
prévoir (vt)	tanabba'	تنبّأ
prier (~ Dieu)	ṣalla	صلّى
promettre (vt)	wa'ad	وعد
proposer (vt)	iqtaraḥ	إقترح
prouver (vt)	aθbat	أثبت
raconter (une histoire)	ḥaddaθ	حدّث
recevoir (vt)	istalam	إستلم
regarder (vt)	naẓar	نظر
remercier (vt)	ʃakar	شكر
répéter (dire encore)	karrar	كرّر
répondre (vi, vt)	aʒāb	أجاب
réserver (une chambre)	ḥaʒaz	حجز
rompre (relations)	anha	أنهى
s'asseoir (vp)	ʒalas	جلس
sauver (la vie à qn)	anqað	أنقذ
savoir (qch)	'araf	عرف
se battre (vp)	ta'ārak	تعارك
se dépêcher	ista'ʒal	إستعجل
se plaindre (vp)	ʃaka	شكا
se rencontrer (vp)	qābal	قابل
se tromper (vp)	aχṭa'	أخطأ
sécher (vt)	ʒaffaf	جفّف
s'excuser (vp)	i'taðar	إعتذر
signer (vt)	waqqa'	وقّع
sourire (vi)	ibtasam	إبتسم
supprimer (vt)	masaḥ	مسح
tirer (vi)	aṭlaq an nār	أطلق النار
tomber (vi)	saqaṭ	سقط
tourner (~ à gauche)	in'aṭaf	إنعطف
traduire (vt)	tarʒam	ترجم
travailler (vi)	'amal	عمل
tromper (vt)	χada'	خدع
trouver (vt)	waʒad	وجد
tuer (vt)	qatal	قتل
vendre (vt)	bā'	باع
venir (vi)	waṣal	وصل
vérifier (vt)	iχtabar	إختبر
voir (vt)	ra'a	رأى
voler (avion, oiseau)	ṭār	طار
voler (qch à qn)	saraq	سرق
vouloir (vt)	arād	أراد